自治体法務の基礎から学ぶ

指定管理者制度の実務

「自治体法務ネットワーク」代表
森 幸二 著

ぎょうせい

はじめに

　指定管理者制度は法律に基づく制度です。その根拠は地方自治法244条の2第3項に置かれています。

　しかし、根拠条文には、指定管理者制度がどのようなものなのかについて、詳細に記述されてはいません。ほかの法制度も同じです。

　これには、理由があります。その法制度に直接関係する規定のほかに、すべての法制度に共通する法的な考え方や原則というものが存在するからです。そして、それぞれの根拠条文にわざわざ規定しなくても、解釈・運用する者が、それらの考え方や原則を、すでに身に付けている、つまり、自治体法務についての基礎的な内容をしっかりと理解していることを前提として、法制度は創られているのです。

　ですから、根拠条文だけをいくら読んでも、基礎的な法務能力を身に付けていないと、法制度を理解し、有効に活用することはできないのです。

　さて、ここに、二つの道が用意されています。

- 基礎法務能力の修得など面倒、無理。結論だけを教えてくれるマニュアル本に頼ろう。ほかの自治体の例に倣おう。
- 法制度にかかわったのはいい機会だ。大変かもしれないけれど、自治体法務の基礎を一から勉強してみよう！

　思い切って、後者の道を選択してみませんか。

　この本の内容は、指定管理者制度の運用に際して自治体が抱える課題についての解決策だけではありません。自治体法務における原則や考え方を基礎からていねいに解説しています。「指定管理者制度を題材として自治体法務の基礎を学ぶ」ための本として、大切に創りました。たくさんの方に読んでいただいている『自治体法務の基礎と実践』の続編でもあります。

　指定管理者制度や財産管理制度にかかわっていない方も含め、きっと、この本が自治体職員として必要な法務能力を獲得する機会になると思います。

　平成31年1月

森　幸二

目次

はじめに

第1部 基礎編

第1章 指定管理者制度を理解するために ―― 2

Ⅰ まずは、考え方を身に付けよう！ 2
1 指定管理者制度の一般性 2／ 2 指定管理者制度における課題の性質 3／ 3 指定管理者制度の運用に必要な理解 3／ 4 根拠としての指定管理者制度 3／ 5 公の施設の重要性 4／ 6 公の施設の管理の本質 4／ 7 法に基づく主体的な運用へ 5／ 8 民間団体における指定管理者制度（法制度）の理解 5

Ⅱ 理解を深め、思い込みを解消しよう！ 6
指定管理者制度における課題～3つの「混同」～ 6

Ⅲ 復習とさらなる理解のために 6
公の施設のあり方 6

第2章 指定管理者制度のあらまし ―― 9

Ⅰ まずは、考え方を身に付けよう！ 9
1 公の施設の管理の内容 9／ 2 公の施設の管理における委託方法 10／ 3 委託における根拠の要否 10／ 4 委託の一般原則 11／ 5 使用許可を委託するための制度～指定管理者制度～ 12／ 6 指定で委託する理由 15／ 7 指定管理者に委託できない事務 18

Ⅱ 理解を深め、思い込みを解消しよう！ 19
1 委託と民法の契約類型 19／ 2 委託に根拠が置かれる場合 20

Ⅲ 復習とさらなる理解のために 21
1 指定管理者制度は「指定管理委託」 21／ 2 法制度の相対性 22

第3章 財産管理のしくみ ―― 24

Ⅰ まずは、考え方を身に付けよう！ 24
1 土地・建物の区分（行政財産と普通財産） 24／ 2 行政財産の区分（公の施設と庁舎） 25／ 3 財産管理における条例事項と規則事項 26／ 4 財産の管理・利用形態 28

Ⅱ 理解を深め、思い込みを解消しよう！ 31

財産管理における個別法の存在 31
- **Ⅲ 復習とさらなる理解のために** 32
  財産管理における条例事項と規則事項の振り分け 32

第4章 教育財産の管理権限 ─────────── 37

- **Ⅰ まずは、考え方を身に付けよう！** 37
  教育財産の管理権限 37
- **Ⅱ 理解を深め、思い込みを解消しよう！** 40
  個別管理法と地教行法（組織法）との違い 40
- **Ⅲ 復習とさらなる理解のために** 42
  教育機関に関する権限のまとめ 42

第5章 行政財産の目的外使用許可と貸付 ─────────── 45

- **Ⅰ まずは、考え方を身に付けよう！** 45
  1 目的外使用許可と貸付の制度趣旨 45／ 2 目的外使用許可 45／ 3 行政財産の貸付制度 48／ 4 目的外使用許可と貸付との違い 49
- **Ⅱ 理解を深め、思い込みを解消しよう！** 50
  1 自販機の貸付制度による設置は不適当 50／ 2 自販機の設置を貸付で行うことの弊害 51／ 3 許可未満の「許可」 51
- **Ⅲ 復習とさらなる理解のために** 52
  目的外使用における「二段階方式」の違法性 52

第6章 委託の原則 ─────────── 56

- **Ⅰ まずは、考え方を身に付けよう！** 56
  1 委託における法的原則の存在 56／ 2 自治体の事務における委託の原則 57／ 3 「権利と義務」が法制度のキーワード 59／ 4 委託の一般原則 60／ 5 法律行為の委託に根拠が必要な理由 62／ 6 委託の一般原則と委託制度との関係 63／ 7 指定管理者制度が根拠規定を持つ意味 64
- **Ⅱ 理解を深め、思い込みを解消しよう！** 65
  同一事務における法律行為と事実行為 65
- **Ⅲ 復習とさらなる理解のために** 67
  個別管理法における指定管理者制度に対する制約 67

第2部 実践編

第7章 指定管理者の法的な立場 —— 74

Ⅰ まずは、制度を理解しよう！ 74
1 法制度の成立の過程と法制度の理解 74／ 2 指定管理者制度の成立の過程 75／ 3 委託における基本型の確認～委託の三類型～ 75／ 4 指定管理者制度の基本型の確認～権限の委任～ 81／ 5 指定管理者制度における特別な効果～利用料金制度～ 83／ 6 自治体と指定管理者との関係 84／ 7 指定管理者の法的地位（まとめ）～課題解決の「公式」～ 84

Ⅱ 実務の改善のために 85
自治体事務の委託制度とその効果 85

Ⅲ 復習とさらなる理解のために 87
法の正しい解釈に必要な自治体の主体性 87

第8章 指定管理者に委託できない事務 —— 89

Ⅰ まずは、制度を理解しよう！ 89
1 指定管理者に行わせることができない事務 89／ 2 使用料などの徴収（自治法243、自治令158Ⅰ①・③） 90／ 3 使用料などの減免（自治法96⑩・⑥） 90／ 4 目的外使用許可（自治法238の4Ⅶ） 90／ 5 庁舎の貸付（自治法238の4Ⅱ④） 91

Ⅱ 実務の改善のために 91
1 許可を委託できない公の施設（各個別法） 91／ 2 市町村が指定管理者になることの適法性 93

Ⅲ 復習とさらなる理解のために 93
指定管理者の代表者は館長？ 93

第9章 指定管理者制度と業務委託契約との違い —— 98

Ⅰ まずは、制度を理解しよう！ 98
指定管理者制度と業務委託契約との対比 98

Ⅱ 実務の改善のために 99
1 指定管理者制度と業務委託との使い分け 99／ 2 法的管理を委託しない場合の議案審議 105／ 3 複合施設における指定管理者制度の運用 105／ 4 組織としての公の施設の存在 107

Ⅲ 復習とさらなる理解のために 107
　「管理権限」と「指定」はお化け？　107

第10章　指定管理者が行う事業の区分（自主事業の実施） 111
Ⅰ まずは、制度を理解しよう！ 111
　1　事業の実施方法と必要な手続　111／　2　事業収入の帰属　111／　3　「自主事業」の意味　113／　4　自主事業と手続・収入の関係　113

Ⅱ 実務の改善のために 114
　1　指定管理者による無償・優先（独占）利用は違法　114／　2　レストランや軽食コーナーの設置・運営　115／　3　指定管理者の事務所　115

Ⅲ 復習とさらなる理解のために 116
　1　法令用語と業界用語　116／　2　公の施設における「管利」のチェック　116

第11章　指定手続のしくみ 122
Ⅰ まずは、制度を理解しよう！ 122
　1　指定までの流れの概要　122／2　施設設置日の決定　123／　3　用地取得や建物の建設　123／　4　公の施設の設置管理条例の制定　123／　5　指定手続の制定　124／　6　指定手続の開始（公募）　124／　7　候補者の選定　125／　8　協定書案の作成　125／　9　指定議案の提出　126／　10　指定及び協定の締結　126

Ⅱ 実務の改善のために 126
　1　指定の撤回と取消し　126／　2　設置管理条例と指定手続条例との整合　129

Ⅲ 復習とさらなる理解のために 131
　1　指定議案の審議　131／　2　指定管理者選定における雇用や産業振興　131／　3　指定の撤回と取消し　132

第12章　協定の性質と内容 135
Ⅰ まずは、制度を理解しよう！ 135
　1　協定の性質　135／　2　協定を附款として位置付ける必要性　136／　3　協定と業務委託契約との対比　136／　4　教育施設における協定書の名義　137／　5　協定の締結時期と指定議案の審議　137

II 実務の改善のために 138
協定の内容 138

III 復習とさらなる理解のために 142
指定管理者制度における情報公開条例の適用 142

第13章 附属機関（選定委員会）の設置と運営 —— 144

I まずは、制度を理解しよう！ 144
1　附属機関とは　144／　2　附属機関の設置　145／　3　附属機関の役割　146／　4　附属機関設置条例の形態　146／　5　選定委員会の設置形態　146

II 実務の改善のために 147
1　教育委員会における附属機関の必要性　147／　2　附属機関の設置における論理循環　147／　3　附属機関の濫設と違法（要綱）設置　147／　4　附属機関の答申と議案の審議　148／　5　専門家などの活用における課題　148

III 復習とさらなる理解のために 151
委員の活用における課題　151

第14章 指定管理者制度における損害賠償 —— 154

I まずは、制度を理解しよう！ 154
1　損害賠償制度についての基本的な考え方　154／　2　住民への賠償責任についての基本的な考え方　155／　3　許可事業（利用行為）の実施における賠償責任　156

II 実務の改善のために 157
1　許可事業（利用行為＝非指定管理業務）であることの明示　157／　2　自治体から指定管理者への求償　157／　3　損害賠償制度の実質的な意義　160／　4　「偽装請負」の意味　160／　5　施設の損傷についての賠償責任　161

III 復習とさらなる理解のために 162
1　自治体が負うこととなる「無過失責任」とは　162／　2　自治体における和解の意義　164／　3　つぶれたおはぎの責任は？〜利用者への損害賠償責任〜　166

第 3 部　Q&A編 ―100のチェックポイント

  Q1 「自主事業」の実施方法は？　170
  Q2 指定管理者は施設を優先利用できるか？　179
  Q3 物販施設は公の施設？普通財産？　183
  Q4 学校プールを住民に開放するには？　192
  Q5 不指定に対して不服申立てができるか？　201
  Q6 特命は適法か？　209
  Q7 応募要項で申請資格を定めることができるか？　216
  Q8 指定管理者の利益を自治体へ寄附させることができるか？　220
  Q9 指定管理者に補助金を交付できるか？　233
  Q10 指定はどのような性質を持った行政処分か？　248
  Q11 民間施設を公共施設化する方法は？　261

おわりに

※　文中のかっこ内の条文は以下の例のように略記しています。
　　地方自治法238条1項3号　→　（自治法238Ⅰ③）

※　かっこ内の法令名等の記述は、次の略称にいたしました。
　　地方自治法　→　自治法
　　地方自治法施行令　→　自治令

※　本書の内容は、平成30年12月1日現在の法令等によるものです。

第 1 部

基礎編

第1章 指定管理者制度を理解するために

　指定管理者制度のしくみには、地方自治法をはじめとした多くの法律と法的な原則・考え方が関係している。また、指定管理者制度における課題の多くは、制度に固有のものではない。
　指定管理者制度の理解に当たっては、まず、このような指定管理者制度の一般性を認識する必要がある。

Ⅰ　まずは、考え方を身に付けよう！

1　指定管理者制度の一般性

　指定管理者制度の根拠は、地方自治法に置かれている。しかし、制度のしくみは、根拠規定だけで成り立っているのではない。以下のような多くの法律の規定、法的な原則・考え方によって構成されている。
① 指定管理者制度の根拠規定（自治法244の2 Ⅲ）
② 地方自治法における財務や組織などに関する規定
　　例：公の施設、財産管理、債権管理、執行機関・議会などの規定
③ 公の施設の管理に関係する法律
　　例：都市公園法、公営住宅法、学校教育法、医療法など
④ 行政法に共通する原則や考え方
　　例：行政処分、行政組織、行政手続などのしくみ
⑤ 契約に関する法令、法の一般原則
　　例：民法、契約のしくみ、比例原則、平等原則
　およそ自治体の業務において必要となるあらゆる規程、原則、考え方が、指定管理者制度のしくみにかかわっていることが分かる。
　指定管理者制度は、優れて一般的な法制度なのである。

2　指定管理者制度における課題の性質

　これは、指定管理者制度における法的な課題のほとんどは、自治体の他の事務にも共通するものであることを意味している。財産管理や委託契約などにおいて、日常的に発生している課題であり、それが、たまたま指定管理者制度を運用する中で起こっているだけなのである。

　今までに取り組んできた課題や直面している課題が、指定管理者制度に固有のものであると勘違いしていないか、確認されたい。

3　指定管理者制度の運用に必要な理解

　その一般性から、自治体法務についての広い理解が、指定管理者制度の運用には必要となる。指定管理者制度にかかわることを、自治体職員として、必要な法務能力を修得する好機だと捉えることもできる。

　問題が発生するたびに、他の自治体に照会することや、ノウハウ本のQ＆Aを参照することを繰り返していたのでは、制度の適切な運用はできない。また、自治体職員として得難い機会を逃してしまう。

4　根拠としての指定管理者制度

　指定管理者制度は、公の施設の管理を委託するに当たっての克服すべき制約ではない。根拠である。よって、制度に従うことが公の施設の適正かつ効果的な管理につながる。法制度は手続を踏んで、正統性を担保するためだけのものではない。その内容においても、一つの政策として一般的には最も正当（有効）なものなのである。

　1　①指定管理者制度固有の規定だけを見れば、公の施設の管理の委託において、もっと効果のある方法があるように思えるかもしれない。

　しかし、②〜⑤の自治体行政に共通した、あるいは、社会に共通した規定や考え方を理解すれば、指定管理者制度が設けられている意義や、他の方法が現在において排除されている理由が、よく分かるはずである。

　目先の事業や課題を前提において、それを実現・解消するためにクリアしなければならない制約が法令の規定であるという、誤った認識を持っていないか確認されたい。

5　公の施設の重要性

　公の施設の管理は、自治体の事務の中でも住民生活に最も身近なものの一つである。住民は公の施設の管理の良否によって、暮らしやすさの度合いを実感し、自らの自治体を評価することも少なくない。また、住民だけではなく、観光客も道の駅や直売所などの公の施設の利用を通して、そのまちの印象を形成する。

　指定管理者制度の運用に当たっては、公の施設が自治体行政における多くの分野の事務事業が実施される場であること、そして、公の施設の管理のあり方が、住民の暮らしとまちの発展に大きくかかわっていることを再認識しなければならない。

6　公の施設の管理の本質

　指定管理者が管理する公の施設においては、「自主事業」と呼ばれている、さまざまなイベントや物販事業などが展開されている。しかし、いうまでもなく、公の施設の管理の本質は、安全で快適な利用環境を、公平かつ継続的に住民（利用者）に提供することにある。

　指定管理者によって、直営時にはあまりなかったと思われる類型の法令違反が発生している。また、指定管理者制度導入によって、事故などが減少する傾向は明らかにはなっていない。指定管理者制度が目指す効果的な管理の実現（自治法244の2Ⅲ）とは、イベントの展開ではなく、まずは、事故や苦情・トラブルの減少に現れるべきである。その意味において、指定管理者制度の目的は達成されているとは言い難い。

　安全管理、保守、清掃、案内・接遇などの管理における基本的な事務を適切に行うことができない民間団体は、その一点において指定管理者、つまり、公の施設の管理者たる資格はない。いわゆる「自主事業」の価値は、あくまで二次的なものであることが理解されなければならない。

7　法に基づく主体的な運用へ

　自治体や指定管理者が発案する事業は、他の自治体の事例に当てはめると、不適切であると判断されるものも存在する。しかし、事例は、指定管理者制度の根拠ではない。根拠は、あくまで地方自治法をはじめとした法令である。

　よって、事業が実施できるかどうかは、本来の根拠である法令の解釈に立ち返って判断されなければならない。その判断においては、一般的な事例との違いを発見し、自治体独自の事業の正当化を図ることができる場合も少なからず存在するはずである。

　制度についての法的な理解が不足していると、必要な正当化作業ができない。法的には実施できるのに「実施している例がない」という理由で事業を諦めざるを（指定管理者に諦めさせざるを）得なくなる。

　これは、その自治体が制度の運用において、自ら判断することを放棄しているにほかならない。制度運用の当事者たる能力を持たないことも意味する。国や都道府県からの通知を綴じ込むことや、他都市の事例の一覧表を作ることだけが、担当者のしごとではない。

　指定管理者制度を効果的に活用するためには、「事例頼みの運用」から「法に基づく主体的な運用」への転換が必要である。そのためには、制度を法的に理解することが欠かせない。

8　民間団体における指定管理者制度（法制度）の理解

　自治体がイベントなどで公の施設を使用する際は、住民が利用するときと同じように使用許可手続が必要となる。よって、自治体に代わって、公の施設の管理を行うこととなる指定管理者が、いわゆる「自主事業」を実施するときも、管理行為として行うのでなければ、当然、許可が要る。「管理者」としての自治体や指定管理者と、「利用者」としての自治体や指定管理者とは、法的な立場が違うからである。

　しかし、指定管理者には、これがなかなか理解できない。「自分が所有する（管理する）財産を使用するのに、しかも、施設の運営に利することなのに、なぜ、許可が必要なのか？」と、繰り返し疑問が呈される。

　民間団体に、指定管理者制度をはじめとした法制度を理解させることには、

かなりの困難を伴う。しかし、それは、法律や条例の個別具体の規定を覚えてもらうことが難しいのではない。「法律や条例（国民や住民の信託）によって、しごとをする」ことそのものについての本質的な理解の困難さが、そこには存在するのである。

Ⅱ 理解を深め、思い込みを解消しよう！

指定管理者制度における課題～3つの「混同」～

指定管理者制度の運用において、多くの課題が発生している。その根本的な原因は、おおむね以下の3つに集約される。

① 管理と利用との混同

指定管理者が行う事業において、管理者として行う事業と利用者として行う事業との区別がついていない。

② 使用許可と目的外使用許可との混同

公の施設の使用許可と目的外使用許可における、権限の主体、許可の対象、許可基準の区別がついていない。

③ 指定管理者制度と業務委託契約との混同

業務委託契約で委託できる内容について、明確な運用基準を設けないまま、指定管理者制度を採用している。

Ⅲ 復習とさらなる理解のために

公の施設の管理のあり方

「お役所しごと」という言葉がある。それを克服することが自治体の大きな課題であるとされている。民間団体に公の施設の管理を委託する指定管理者制度も、「お役所しごと」の打破を目的にしているといえる。

指定管理者制度を積極的に導入しているA市の職員採用試験のポスターにも、「お役所しごとを変えてやる！」という活字とともに決然とした表情と力感あふれるポーズをとった職員の写真が載せられている。

では、A市の公の施設の管理の実態を確認してみることにする。

〔受験合格者のパネル〕

　A市立のB高校では、毎年、3月になると校舎に大学受験の実績を示した大きなパネルが掲げられる。パネルの一番上の部分には「〇〇大学〇名合格」と大きく、その下にやや小さな字で「△△大学〇名合格」と、さらにその下にかなり小さな字で「××大学ほか国公立大学〇名合格」と書かれている。「〇〇→△△→××」は、いわゆる偏差値の順番である。もちろん、パネルに書かれていない他の大学に合格した生徒や進学せずに就職した生徒もいる。

　私立高校では、多くの生徒を「一流」と呼ばれている大学に合格させ、その実績を積極的にPRすることによって、経営を向上させている。むしろ、一流大学に進学させること自体が経営目標なのかもしれない。A市もその民間的な経営手法を取り入れた。実際に、B高校においては生徒が増加し、一定の成果を得ている。

　しかし、B高校は公の施設である。A市は自治体である。管理しているのはA市の教育委員会だ。偏差値に拠ったパネルの掲示は、自治体が偏差値という価値、いわば、世間の風評に従って公の施設を管理し、教育行政を実施していることを意味する。

　「〇〇工作所に就職するぼくは、Y君のように学校の名誉にはならないのですか？そうだとしたら、その理由は何ですか？」と聞かれても、A市の教育委員会は、その答えを持っていないだろう。その問いは、いつか議員やマスコミから行われるかもしれない。

　A市職員の誰かが、偏差値順のパネルを掲げることに疑問を持ち、それを指摘し、掲示の可否について真摯に検討することが、自治体行政には欠かせない。そして何よりも、パネルの一番上に大きく掲げられている「〇〇大学〇名合格」と同等の大きさで「〇〇工作所1名採用」と記載することが、法的な（建前としての）公の施設の本来のあり方だということを、（それが実際に実現できるかどうかは別として）認識しておかなければならない。

　学校には指定管理者制度は導入できないが、仮に指定管理者に委託したとしても、「パネルへの疑問」は必要である。直営時に思いつかなかった、あるいは、ためらっていたパネルの掲示が指定管理者制度導入の効果である、

などという大きな勘違いをしては、また、させてはならない。

このB高校の話を、ある民間団体の方にお話ししたことがある。彼女からは、「そんなことまで考えるなんて。やっぱり森さんは、お役人ですね」という答えが返ってきた。

自治体や公の施設の役割、そして、住民一人ひとりのことを考え、時間と手間をかけて仕事をすることや、効果のある手段をあえて排除することは、決して、行政特有の非効率や旧態依然の体質の現れ、いわゆる「お役所しごと」ではない。行政として、これからも守っていかなければならない行動規範である。

〔公園でのイベントの実施〕

大きなイベントで公園を独占的に使用する際には、公園の設置管理条例による使用許可が必要となる。集客効果がある、まちづくりにとって重要なイベントであっても、都市公園法や公園の設置管理条例の許可条件に合わなければ実施することはできない。

この法律や条例によるイベント利用の規制には、積極的な意味がある。

長期間、イベントで公園全体を独占的に使ってしまったら、毎日の犬との散歩を楽しみにしているおばあさんが散歩できないだろう。子どもたちも遊ぶことができなくなる。

条例がイベントに要求している許可手続は、このような住民の権利、分かりやすい言葉で置き換えるならば、「日々の暮らし」と「際物」であるイベントの実施との調整を図っているのである。

もし「散歩ができなくなるくらい、○○大会の実施に比べたら、どうでもいいことだ」と思う職員がいたとしたら、彼には、公の施設の担当者として、さらには自治体職員としての大切な資質が欠けていることになる。使用許可の事務は決して、単なる「ルーティンワーク」などではない。公の施設の管理における最も重要で本質的なしごとなのである。

自治体に代わって、公の施設の管理を行うこととなる指定管理者にも、自治体の役割や公の施設が置かれている意味を、しっかりと伝えていかなければならない。

第2章 指定管理者制度のあらまし

　自治体の事務は、原則として、法的な根拠がなくても契約によって委託できる。しかし、法律行為を委託する場合は、法律の根拠が必要である。業務委託契約では、使用許可を委託することはできない。
　そこで、公の施設の管理の委託を進めるために、許可を含めて委託できる指定管理者制度が地方自治法に設けられている。

I　まずは、考え方を身に付けよう!

1　公の施設の管理の内容

　公の施設の管理、つまり、公の施設の設置目的を実現させるためのさまざまな事務は、物的な管理、人的な管理及び法的な管理に分けることができる。
① 　物的管理……施設の清掃、補修、点検など
② 　人的管理……受付、案内、講座やイベントの実施など
③ 　法的管理……施設の使用許可、使用料の徴収、使用料の減免、目的外使用許可、同使用料の徴収・減免など

　③の法的管理は、住民の権利や義務に直接かかわる法律行為（行政処分）の事務である。また、①物的管理及び②人的管理は、法律行為の事務ではないという意味から「事実行為（の事務）」と呼ばれる。
　公の施設の管理に限らず、自治体の事務は、その行政分野（税、福祉、財務など）だけではなく、「法律行為か事実行為か」、つまりは、「住民の権利や義務に直接かかわるものかどうか」という観点から分けられ、適用される法令や制度が異なっている場合が多い。

[法的な観点からの公の施設における事務の分類]

①物的管理、②人的管理……事実行為
③法的管理……法律行為

2　公の施設の管理における委託方法

公の施設の管理を民間団体に委託する方法は、二とおりある。
① 　業務委託（契約）
② 　指定管理者制度による委託

指定管理者制度について、業務委託とは根本的に異なる制度である、あるいは、「委託ではない」と理解されることも少なくない。そうではなく、指定管理者制度も、自治体が管理している公の施設の管理を委託するための制度、つまりは、「委託の指定管理方式＝指定管理委託」であり、あくまで委託の方式の一つである。

なお、実務上、単に「委託」といえば業務委託を指す場合が多いが、本来、「委託」とは、指定管理者制度などを含む総称的な用語である。

3　委託における根拠の要否

公の施設の管理を含め、自治体の事務（しごと）は、その効果的な執行のために、民間団体などに委託されることも多い。

しかし、どのような事務がどのような手続で委託できるのか、あるいはできないのかという、自治体事務の委託についての一般的な規定は、どの法令にも存在しない。

委託に関することに限らず、法的な課題について、法令に「できる。(授権)」も「できない。(規制)」も存在しない場合においては、
① 　授権がないから行うことはできない。
② 　規制がないから行うことができる。
という正反対の二つの判断があり得る。

委託の場合は、すべての事務を自治体職員が直接行わなければならない理由、つまり、委託を禁止する積極的な理由はないので、②の「『委託できな

い(してはいけない)』という法律の規定(規制)がないから委託できる」という判断が採られている。

　ただし、許可などの行政処分、つまり、法律行為については、法律の根拠なしに、長などの判断だけで委託(委任)することはできない。法律行為は、自治体の事務の中でも住民の権利や義務を決定する最も重要な事務(権限)だからである。

4　委託の一般原則

　したがって、自治体の事務のうち、法的な権限の行使を伴わない事実行為の事務については、「委託することができる」という根拠規定がなくても、委託が可能である。これが、業務委託(契約)である。

　公の施設の管理についても、物的管理や人的管理(事実行為)の事務は、法令の根拠なしに業務委託することができる。一方、使用許可や使用料徴収などの法的管理(法律行為)の事務は、法律の根拠がなければ委託できない。

〔委託の一般原則〕

・法律行為の委託……委託できるという法律の根拠が必要。
　　　　　　　　　⟶法律の規定(法制度)による委託
・事実行為の委託……法律の根拠がなくても委託できる。
　　　　　　　　　⟶業務委託(契約)による委託
　これを公の施設の管理に置き換えると以下のようになる。
① 　物的管理……施設の清掃、補修、点検など
② 　人的管理……受付、案内、講座やイベントの実施など
　　　　⟶事実行為。委託の根拠不要。業務委託方式で委託できる。
③ 　法的管理……施設の使用許可、使用料の徴収、使用料の減免、目的外使用許可、同使用料の徴収・減免など
　　　　⟶法律行為。法律の根拠が必要。業務委託方式では委託できない。

● **自治体の事務を委託できる範囲**

	法律に委託（委任）できる根拠があるもの	法律に委託（委任）できる根拠がないもの
法律行為の事務	○ (*1)	×
事実行為の事務	○	○ (*2)

* 1　公の施設の使用許可権限を委託（委任）できる指定管理者制度は、自治法244条の2Ⅲに根拠を持つ。
* 2　事実行為であれば、法律の根拠がなくても委託できる（業務委託）。

● **公の施設の管理に関する事務の性質と委託できる範囲**

	内容	事務の性質	委託の根拠	指定管理者制度による委託
①物的管理	施設の清掃、補修、点検など	事実行為	不要	○（業務委託契約でも可）
②人的管理	受付、案内、講座やイベントの実施など	事実行為	不要	○（業務委託契約でも可）
③法的管理	施設の使用許可	法律行為（行政処分）	法律の根拠要	○
	使用料、目的外使用料、貸付料の徴収			△ 別の制度（徴収委託）で委託できる。
	使用料の減免、目的外使用許可、行政財産の貸付			× 委託できない（根拠なし）

5　使用許可を委託するための制度〜指定管理者制度〜

　指定管理者制度においては、使用許可という法律行為（法的管理）の事務も委託することができる。地方自治法244条の2第3項が「法的な管理の委託の禁止」を解除する根拠である。

◎地方自治法　※一部略。以下同じ
　（公の施設の設置、管理及び廃止）
第244条の2
　3　普通地方公共団体は、公の施設の設置の目的を効果的に達成するため必要があると認めるときは、条例の定めるところにより、法人

> その他の団体であって当該普通地方公共団体が指定するもの（以下本条及び第244条の4において「指定管理者」という。）に、当該公の施設の管理を行わせることができる。

　同項の「管理を行わせることができる」は、物的管理や人的管理（事実行為）が法律の根拠がなくても委託できることを前提として、法的管理（法律行為）である施設の使用許可の委託を可能にする意図で設けられているのである。公の施設の管理を委託できるようにすること自体の根拠ではない（それについては、根拠は不要である）。

　公の施設の管理のうち、事実行為の事務だけを委託する（使用許可は引き続き職員が行う）のであれば、業務委託によって民間団体に委託することができる。自治体で広く行われている入札などの手続を経た契約による委託である。

　物的管理及び人的管理（事実行為）だけではなく、使用許可（法律行為）を含めて公の施設の管理を委託するためには、業務委託ではなく指定管理者制度によらなければならない。

● 委託方法と委託できる範囲

	法律の根拠がなければ委託できない	法律の根拠がなくても委託できる
①物的管理	×	○
②人的管理	×	○
③法的管理	○	×

		指定管理者制度	業務委託(契約)
①物的管理	清掃、補修等	○	○
②人的管理	受付・案内等	○	○
③法的管理	使用許可	○	×
	使用料の徴収	別途、徴収委託が必要	
	使用料の減免	×（委託できる根拠なし）	
	利用料金の徴収・減免	指定管理者自身の行為	―（制度なし）
	目的外使用許可	×（委託できる根拠なし）	

〔指定管理者制度の制度趣旨〕

Ⅰ 自治体の事務を委託するについては、原則として「委託できる」という趣旨の法律の根拠は必要ない。自治体の判断だけで委託できる。

Ⅱ しかし、法律行為を委託するには「委託できる」という法律の根拠が必要である。法律行為は、住民の権利義務を発生・消滅させる効果を持つ。他の事務よりも重要であり、また、より公平性が要求される。よって、法律行為の権限は、原則として行政に専属しなければならないからである。

Ⅲ 公の施設の管理の中には、事実行為だけではなく、使用許可という法律行為（法的管理）の事務がある。

Ⅳ したがって、公の施設の管理を包括的に委託するには、法律の根拠が必要となる。

Ⅴ そこで、使用許可を含めて公の施設の管理を委託できるようにすることを目的として、地方自治法に指定管理者制度が設けられた。

〔指定管理者制度の趣旨・本質〕

指定管理者制度は、法律行為（法的管理）である使用許可を委託できるようにすることを目的としたものであり、委託の方式の一つである。

●指定管理者制度創設と委託できる範囲の変遷

●指定管理者制度の対象

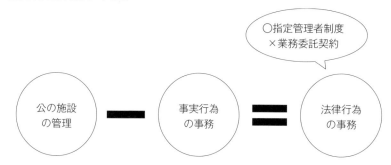

6 指定で委託する理由

(1) 委託における法律関係の必要性

自治体の事務の委託においては、自治体と委託先との間で、
・ 受託先の業務を実施する義務と対価を得る権利
・ 自治体の委託料を支払う義務と対象業務を実施させる権利
を発生させなければならない。

(2) 契約方式と行政処分方式

権利や義務を発生させる方法としては、以下の二つの方法がある。
① 当事者の合意……契約
② 法律や条例に基づく自治体の意志……行政処分

委託においては、一般的には①の契約方式が用いられる。②の行政処分は、税の賦課や施設の使用許可などの、契約とは異なる性質の権利義務関係の設定に用いられているという印象を持つ。しかし、例えば、公営住宅の利用関係は許可（決定）で発生するが、その内容は賃貸借契約と同様である。このように、行政処分によっても契約関係を発生させることができる。

委託においても、受託希望者からの一定の意思表示（申請、申出）を前提とした行政処分によって、委託関係が構築される場合がある。契約だけではなく、「行政処分で委託する」こともできるのである。

●契約による委託と行政処分による委託

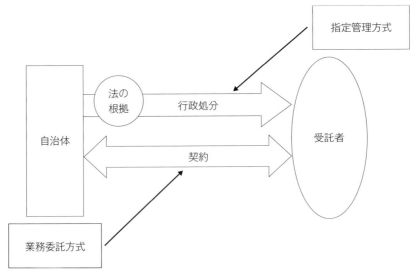

(3) 契約方式の欠点

　指定管理者制度においては、業務委託のような契約ではなく、議決を経た指定という行政処分によって委託する方式が採られている。

　その理由は、公の施設の管理における法的な安定性の確保にある。契約の場合、受託者の行為が、契約書における「○○の場合は、市は契約を解除することができる」の「○○（解除の条件）」に該当すると自治体が判断しても、受託者が契約違反を認めなかった場合、自治体の意志だけでは、契約関係を解消することはできない。「契約違反である」は、契約の当事者である自治体の主観的な認識による、一方的な言い分にすぎないのである。

　それでも、業務委託契約の場合は、委託後も使用許可は自治体が行っているため、受託業者に不適切な行為があったとしても、直ちに住民の利用自体ができなくなるわけではない。

●契約による委託の欠点

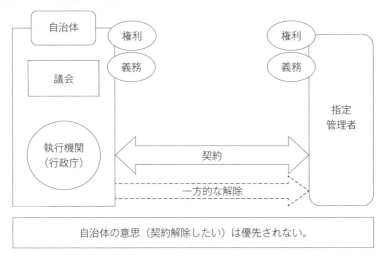

(4) 指定による法的安定性の確保

しかし、指定管理者制度による委託の場合は、原則的には、使用許可の権限を含めて公の施設の管理事務すべてが委託される。指定管理者によって、住民の利用自体が阻害される事態も想定され得る。

そこで、指定管理者制度においては、指定という行政処分（自治体の一方的な意思表示）で委託することによって、指定管理者が管理を継続するにふさわしくないと自治体が判断した場合には、「指定取消」という自治体の一方的な行為（判断）で、強制的に管理を止めさせることができるように、制度設計されているのである。

指定によって、契約では達成できない自治体と指定管理者との委託関係における、法的な安定性を確保（自治体の意思が優先されることを確定しておく）しているのである。

● 指定による委託の効果

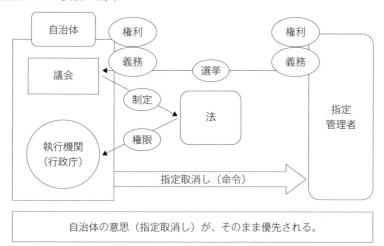

●「指定（行政処分）」で委託する理由

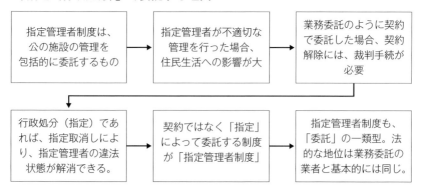

7　指定管理者に委託できない事務

　法的管理（法律行為の事務）の中で、指定管理者制度によって委託できる範囲に含まれない事務がある。

（1）使用料・貸付料の徴収（自治法243、自治令158Ⅰ①・③）

　指定とは別に、指定管理者へ委託する手続が必要である。契約の上、徴収

権限を委任したことを告示しなければならない。

(2) 使用料・貸付料の減免（自治法96Ⅰ⑩・⑥）。
　民間に委託できる制度がない。なお、減免は債権の放棄に当たり、議決又は条例の定めがなければ行うことができない。よって、委託の可否以前の問題として、そもそも長の本来的な権限ではない。

(3) 目的外使用許可（自治法238の4Ⅶ）、行政財産の貸付（自治法238の4Ⅱ④）
　公の施設に固有の制度ではなく、公の施設と庁舎に共通する行政財産全体についての制度である。よって、指定管理者制度の対象ではない。公の施設に自販機などを設置させる際は、公の施設の使用許可ではなく「行政財産の（目的外）使用許可」となる。

(4) 個別管理法の許可
　公営住宅法、都市公園法、学校教育法などの法律（個別管理法）において、「自治体が管理する」と規定されていることがある。
　この場合は、個別管理法に基づく法律行為（許可）を委託することができない。よって、物的管理、人的管理及び条例上の許可だけを指定管理者が行うことになる。

Ⅱ　理解を深め、思い込みを解消しよう!

1　委託と民法の契約類型

　「委託」とは、「事務（しごと）を依頼すること」を意味する。民法は、社会で日常的に行われている契約について、基本的な事項を雛形として規定しているが、「委託契約」という規定は、民法には存在しない。「委託（契約）」とは自治体や民間団体における実務の現場で発生し、使われている事実上の契約類型である。
　委託契約とは、民法に規定のある以下の典型契約のいずれか、あるいは、

いずれかの組合せを指すことが多い。

ア　請負（ものの完成の委託。例：建築工事の発注。民法632）
イ　委任（法律行為の委託。例：契約締結の依頼。民法643）
ウ　準委任（サービス実施の委託。例：講座の依頼。民法656）

　区別が難しいのは、請負と準委任である。客観的な成果（成果物）を求めるかどうかで判断されたい。

　公の施設の管理に置き換えると、以下のようになる。

① 　物的管理の委託……施設の清掃、補修、点検など
　　　　　　　　　　　→ア　請負契約
② 　人的管理の委託……受付、案内、講座やイベントの実施など
　　　　　　　　　　　→ウ　準委任契約
③ 　法的管理の委託……施設の使用許可、使用料の徴収、使用料の減免、目
　　　　　　　　　　　的外使用許可、同使用料の徴収・減免など
　　　　　　　　　　　→イ　委任契約

●委託に相当する民法の規定

```
（請負）      ①物的管理（施設の清掃、補修、点検など）
第632条　請負は、当事者の一方がある仕事を完成することを約し、相手方
がその仕事の結果に対してその報酬を支払うことを約することによって、
その効力を生ずる。
（委任）      ③法的管理（施設の使用許可、使用料の徴収・減免）
第643条　委任は、当事者の一方が法律行為をすることを相手方に委託し、
相手方がこれを承諾することによって、その効力を生ずる。
（準委任）    ②人的管理（受付、案内、講座やイベントの実施など）
第656条　この節の規定は、法律行為でない事務の委託について準用する。
```

2　委託に根拠が置かれる場合

　許可などの法律行為の事務を委託（委任）する場合でなくても、以下の場合は、法律に根拠が置かれる。

・　委託できる事務の種類を限定する場合
　　……指定管理者制度（公の施設の管理のみ）
・　受託者の範囲を限定する場合

……事務の委託（自治体のみ。自治法252の14）

　……指定管理者制度（団体のみ。個人は対象外）

・　特別な手続を要求する場合

　……指定管理者制度（議決による）

　……事務の委託（議決による）

　……事務の代替執行（議決による。自治法252の16の2）

・　特別な効果を付与する場合

　……事務の委託（事務の委譲の効果）

　……指定管理者制度（権限の委任の効果。利用料金制度の創設）

●委託制度の概要

	委託方式	対象業務（種類）	対象業務（範囲）	受託者	効果
業務委託	契約	限定なし	事実行為	限定なし	事実上の委託
旧管理委託	契約	公の施設の管理	事実行為許可	公共的団体	権限の委任利用料金制度
指定管理委託（法244条の2Ⅲ）	行政処分	公の施設の管理	事実行為許可	団体	権限の委任利用料金制度
事務の代行（法252条の16の2）	契約	限定なし	すべて	自治体	事実上の委託
事務の委託（法252条の14）	契約	限定なし	すべて	自治体	事務の委譲

※法＝地方自治法

Ⅲ　復習とさらなる理解のために

1　指定管理者制度は「指定管理委託」

　指定管理者制度における自治体と指定管理者との関係は、基本的には、業務委託における自治体と受託者の関係と同様である。「制度」というよりは、「指定管理委託」が呼び名としてふさわしい。

しかし、「契約」「行政処分」「財産管理」「自治体組織」「委託」などの、自治体の事務の実施に共通する法的な考え方や法的な原則についての理解がなく、制度の根拠条文だけに向き合うと、指定管理者制度が業務委託とは全く違う特別な制度に思えてしまう。

実際に、業務委託の受託者と同じように扱えばよい（同じように扱うべき）部分まで、指定管理者を特別扱いしたり、反対に、不必要な干渉を行ったりしている自治体が多く見られる。

2　法制度の相対性

研究者や専門家から、「指定管理者制度は特別な制度である」という趣旨の見解が示されることがある。そこには、自己の研究や仕事の領域が、ほかから独立した固有の価値の体系を持っているという前提を置いたほうが、職業的に都合がよい、あるいは、モチベーションが上がるという事情も垣間見える。制度に感情移入しているようにも思える。彼らは意識・無意識のうちに、指定管理者制度を既存のものと不必要に「差別化」している。

住民福祉（よりよい暮らし、幸せ）の実現のために働いている自治体職員のキーワードは「相対化」である。なぜなら、新しくできる法制度は、指定管理者制度も含め、そのほとんどがパラダイムの転換をその内容として持つものではなく、既存の制度の改良版、いわば、「亜種」であるからだ。

業務委託においては競争入札あるいは指名競争入札で受託者を決定していたのに、指定管理者制度による委託になった途端、特命（一本釣り）で受託者を決定することが、正当かどうか再検討されたい。「指定管理者制度は業務委託とは違うから」は、理由にはならない。「業務委託の委託範囲に使用許可の事務が増えただけで、なぜ、価格競争の必要性が低下するのか？」という問いに答えなければならないはずである。

また、多くの自治体では、契約課が担当するのは契約で委託するものだけで、行政処分で委託する指定管理者制度は別の部署が担当している。しかし、「業務委託の改良版」という制度趣旨から考えると、指定管理者制度の運用においても、契約課からのクールな方針や指示の提示がもっと必要なはずである。また、指定管理者制度の代名詞のようになっている「自主事業」につ

いても、業務委託でも実施は可能である。
　委託の一方式であるという、指定管理者制度の本質を捉えることによって、制度を効果的に運用することができる。

第1部 ● 基礎編

財産管理のしくみ

　自治体が所有物する土地、建物、物品、著作権などを「財産」という。財産をその所有目的に従って維持していくことが「管理」である。

　財産のうち、土地や建物は、「行政財産」と「普通財産」に区分して管理される。さらに、行政財産は、「公の施設」と「庁舎」に分けられ、管理される。

Ⅰ　まずは、考え方を身に付けよう！

1　土地・建物の区分（行政財産と普通財産）

　自治体が所有する物や権利は、公有財産、物品、債権、基金に区分され、管理される（自治法237Ⅰ）。このうち、土地や建物（不動産）は、公有財産に属する（自治法238Ⅰ①）。

　公有財産（土地や建物）は、以下に区分される（自治法238Ⅲ・Ⅳ）。

① 　行政財産……公用財産（庁舎など）、公共用財産（≒公の施設）
② 　普通財産……未使用の財産（空き地、売却用地）、公用や公共用以外に使用している財産（競輪・競艇場、観光施設、道の駅など）

　なお、観光施設や道の駅などは、観光客の利用（休憩、観光）よりも住民の利用（物販）が主であるとして、行政財産（かつ公の施設）に区分することもできる。実際にも、公の施設としている自治体と普通財産として管理している自治体とに分かれている。

◎地方自治法

（財産の管理及び処分）

第237条　この法律において「財産」とは、公有財産、物品及び債権並

びに基金をいう。
（公有財産の範囲及び分類）
第238条　この法律において「公有財産」とは、普通地方公共団体の所有に属する財産のうち次に掲げるもの（基金に属するものを除く。）をいう。
　一　不動産
　二　船舶、浮標、浮桟橋及び浮ドック並びに航空機
　四　地上権、地役権、鉱業権その他これらに準ずる権利
3　公有財産は、これを行政財産と普通財産とに分類する。
4　行政財産とは、普通地方公共団体において公用又は公共用に供し、又は供することと決定した財産をいい、普通財産とは、行政財産以外の一切の公有財産をいう。

● 財産（土地・建物）の区分（1）

		自治体が所有している（財産）	自治体の所有ではない
使用しているもの	住民が利用	行政財産かつ公の施設	公の施設
	主に観光客などが利用	行政財産かつ公の施設	公の施設
		普通財産	賃借物件
	自治体が業務で使用	行政財産	賃借物件
使用していないもの		普通財産	―

2　行政財産の区分（公の施設と庁舎）

行政財産は、以下に区分できる。
①　公の施設……公共用財産。住民が利用するために管理される財産。図書館、体育館、住民センター、公園、道路など
②　庁舎……公用（業務用）財産。市役所、役場、支所など

　「公の施設」とは、本来、財産の種類を表す用語ではない。地方自治法において、「公の施設」という財産（区分）は存在しない。よって、「行政財産の一部が公の施設である」という、ここでの表現には概念が混在しており、

制度的には不正確である。

しかし、公の施設を構成する土地や建物は、ほとんどの場合、その公の施設を設置した自治体の所有物（財産）である。つまりは、行政財産である土地や建物を公の施設の用途に供している。

よって、実務においては、行政財産を公の施設と庁舎に区分して理解する、つまり、住民の利用に供するための財産を定義する「公の施設」という財産区分が行政財産の中に存在する、と考えることが便宜である。なお、土地や建物を借用して設置した、その自治体の財産（行政財産）ではない公の施設もある。

●財産（土地・建物）の区分（2）

	財産	行政財産	公の施設
図書館 体育館 公民館等	○	○	○
上記が借物で ある場合	×	—	○
市役所・役場	○	○	×
空き地	○	× （普通財産）	—

3　財産管理における条例事項と規則事項

財産は、その区分ごとに規程を設けて管理される。財産管理に限らず、自治体行政の各分野における必要な事項は、地方自治法あるいは、その他の法律によって、

① 条例で規定すべきとされている事項（条例事項）
② 規則や要綱で規定すべき（できる）事項（規則事項）

に分けられている。条例の制定は議会の議決（民主的な手続が加重）によって制定されるので、相対的に重要なものが条例事項となる。

財産は、

A　公の施設
B　庁舎

C　普通財産

に区分されており、それぞれに主な管理事項として、

ア　使用手続

イ　使用の対価

ウ　使用の対価の減免

を定める必要がある。

　A公の施設、B庁舎、C普通財産それぞれの条例事項と規則事項は、以下のとおりである。

〔財産管理における条例事項と規則事項〕

　以下のように規定される場合が多い。

A　公の施設……ア～ウすべて条例事項

　施設ごとの「設置管理条例」に規定。

B　庁舎……ウは条例事項。イは条例事項と規則事項。アは規則事項

　イのうち目的外使用許可の使用料は「行政財産使用料条例」、貸付契約にかかる貸付料は「財産管理規則（財務規則）」、ウのうち目的外使用料の減免は「行政財産使用料条例」、貸付料の減免は「財産の交換、譲与、無償貸付け等に関する条例」、アは「財産管理規則（財務規則）」で規定。

C　普通財産……ウは条例事項。ア及びイは規則事項

　ウは「財産の交換、譲与、無償貸付け等に関する条例」、ア及びイは「財産管理規則（財務規則）」で規定。

●財産管理における条例事項と規則事項

区分		許可・貸付条件	対価	対価の減免
行政財産	公の施設	（使用許可） ・法244の2Ⅰ ・設置条例	（使用料） ・法228条Ⅰ ・設置条例	（債権放棄） ・法96条Ⅰ⑩ ・設置条例
	庁舎	（目的外使用許可） ・法238の4Ⅶ ・財産管理規則	（使用料） ・法228条Ⅰ ・行政財産使用料条例	（債権放棄） ・法96条Ⅰ⑩ ・行政財産使用料条例
		（貸付契約） ・法238の4Ⅱ④ ・財産管理規則	（貸付料） ・法238の4Ⅱ④ ・財産管理規則	（減免） ・法96条Ⅰ⑥ ・財産の交換、譲与、無償貸付け等に関する条例
普通財産		（貸付契約） ・法238の5Ⅰ ・財産管理規則	（貸付料） ・法238の5Ⅰ ・財産管理規則	

法……地方自治法

4 財産の管理・利用形態

　財産区分ごとの管理や利用の形態は、以下のとおりである。

（1）公の施設

　公の施設は、条例によって設置される。この「設置」とは、物理的に公の施設の構成物である土地と建物を住民が利用できる状態に置くことだけではない。その土地や建物（施設）の供用を決定する行為である。

　無料の施設や自由使用の施設もあるが、有料施設の場合は使用料やその減免条件を、また、利用調整が必要な施設については、許可条件をいずれも条例で定める（自治法244の2Ⅰ、228Ⅰ、96Ⅰ⑩）。

　各条例事項は、施設ごとに定められている場合が多く、その条例は、「（公の施設の）設置管理条例」と呼ばれている（例：○○体育館の設置及び管理に関する条例）。施設の数が多い自治体においては、設置管理条例を行政分野ごとにまとめて制定する場合もある（例：観光産業施設の設置及び管理に関する条例）。

[行政財産としての公の施設]

　公の施設における自動販売機（自販機）の設置は、設置管理条例に基づく使用許可によって行うことはできない。目的外使用許可（行政財産の使用許可）の対象である（自治法238の4Ⅶ）。公の施設としてではなく、庁舎と同じように行政財産として許可されるのである。

　なお、行政財産の貸付契約の制度（自治法238の4Ⅱ）は、庁舎の空室のような整備された恒常的な未利用空間を想定しており、公の施設において活用される場合は、極めて少ないと考えられる。

　公の施設の管理においては、公の施設が、
① 　公の施設
② 　行政財産
の二つの性格を持っていることについての理解が必要である。

（2）庁舎

　行政財産のうち、庁舎は住民が利用するためのものではない。よって、公の施設のように「（目的内の）使用許可」は存在しない。

　例外的に電柱、自販機、売店、組合事務所など、ほかの場所に設置することが困難な場合や庁舎の機能を妨げない場合には、許可によって利用させることができる（自治法238の4Ⅶ）。これを「行政財産の使用許可」、あるいは「目的外使用許可」という。また、庁舎に恒常的な空き室がある場合などは、財産の有効活用の一つとして、契約によって貸し付けることができる（自治法238の4Ⅱ④）。

　庁舎の利用については、公の施設における目的内の利用のように、個々の庁舎ごとに規程を置く必要はないので、すべての行政財産（公の施設及び庁舎）に適用される財産管理規則又は財務規則（目的外使用許可の条件及び貸付条件と貸付料）、行政財産使用料条例（使用料及び減免）、財産の交換、譲与、無償貸付け等に関する条例（貸付料の減免）を定めるのが一般的である。

　財産管理規則は、財産管理権を持っている長、教育委員会（教育委員会規則）、企業管理者（規程）がそれぞれ定めることになるが、実際には、教育

委員会と企業管理者が長の規則を準用している場合が多い。

(3) 普通財産

普通財産は、契約によって貸し付けることができる（自治法238の5Ⅰ）。契約条件は条例ではなく、規則で定める。実際には、財産管理規則や財務規則などに定められている。公の施設の使用料とは違って、使用の対価の名称は法定されていない。一般的には「貸付料」と呼称されている。これも財務規則などに規定されている。

ここでの「貸付」は、民間団体がその財産を他者に利用させる場合と同じ意味での貸付契約である。よって、契約による貸付である点は同じであるが、制度的な意味を持つ行政財産の貸付とは趣旨が異なる。

普通財産の管理に関しては、条例事項は減免だけである。庁舎と同じ条例（財産の交換、譲与、無償貸付け等に関する条例など）で定めることが多い。

〔個別の管理要綱の必要性〕

普通財産の管理に関する規則においては、使用していない土地や建物が想定されており、不適切な目的でない限りは、民間団体が所有する財産と同じように貸付（活用）できることとなっている。

しかし、現に観光施設などに利用されている、固有の目的を持った普通財産（道の駅や物産館を普通財産として管理する場合）については、個別の管理要綱あるいは方針決裁を定める必要がある。管理要綱の内容や体裁は、公の施設の設置管理条例に準じたものになる。

〔財産の貸付における補償の必要性〕

貸付の契約期間中に、その普通財産を自治体が必要となった場合には、契約を解除できるが、補償を行う必要がある（自治法238の5Ⅴ）。なお、行政財産については、目的外使用許可の取消には補償は不要であり、貸付のときは普通財産の貸付と同様に必要となる（自治法238の4Ⅴ、238の5Ⅴ）。

よって、堅固な建物の用途に、市街地にある土地を貸し付ける場合などは、自治体における将来の利用見込みについて、慎重な検討が必要である。売却が進まない場合であっても、安易に貸し付けるべきではない。有効活用を図る余り、大きな損失を発生させないようにしなければならない。

●許可取消・貸付契約解除と補償の要否

		取消・解除	補償
行政財産	許可	可	不要
	貸付	可	要
普通財産	貸付	可	要

Ⅱ 理解を深め、思い込みを解消しよう!

財産管理における個別法の存在

　公の施設は、住民の福祉(よりよい暮らし)の増進のために、自治体によって設置される施設である。その設置や管理に当たっては、公の施設について定めた地方自治法だけではなく、個別の法律の規定が関係する施設も少なくない。

　例:道路(道路法)、学校(学校教育法)、公園(都市公園法)、住宅(公営住宅法)、病院(医療法)

　例えば、公立病院は、地方自治法上の公の施設であるとともに、医療法における病院でもある。財産管理の根拠となる個別法には、さまざまな書きぶりが見られる。

◎公営住宅法
　(用語の定義)
　第2条
　　二　公営住宅　地方公共団体が、建設、買取り又は借上げを行い、低額所得者に賃貸し、又は転貸するための住宅及びその附帯施設で、この法律の規定による国の補助に係るものをいう。

> ◎医療法
> 第1条の5　この法律において、「病院」とは、医師又は歯科医師が、公衆又は特定多数人のため医業又は歯科医業を行う場所であつて、20人以上の患者を入院させるための施設を有するものをいう。病院は、傷病者が、科学的でかつ適正な診療を受けることができる便宜を与えることを主たる目的として組織され、かつ、運営されるものでなければならない。

　公営住宅法では、対象となる施設が物的に定義されており、理解しやすい。地方自治法における公の施設の捉え方と同様である。一方、医療法の「病院」は、組織や運営もその対象とされている。「組織し、運営される場所」という論理的にも難解な定義である。一つの条文に複数の文章が含まれていることも、やや異例である。

　このように、財産管理の根拠法令には、それぞれに独自のさまざまな規定が置かれている。この多様性は、明確な必要性によってもたらされたものであるとは限らない。むしろ、多様性の原因を突き詰めれば、法律の条文とは、制約された能力と情報、そして、個人的な考えやこだわりを持たざるを得ない誰かが作ったものであり、さらには、いったん成立した後は、容易には変更されないものであるということに行きつくとも思われる。

　財産管理においては、客観的な必要性に欠けるきらいのあるものも存在する各法律の多様な規定を拾い出して、地方自治法の公の施設に関する規定に当てはめていく作業も必要となる。

Ⅲ　復習とさらなる理解のために

財産管理における条例事項と規則事項の振り分け

　条例で定めるべき事項（条例事項）か、あるいは、規則で定めるべき事項（規則事項）であるかは、多くの場合、地方自治法などの法律で規定されている。自治体ごとに、「これは条例」「これは規則」という選択はできないこ

とがほとんどである。
① すべての自治体に共通する事項は法律事項とする。
② 法律事項以外で重要なものを条例事項とする。
③ 法律事項や条例事項以外のものを規則事項とする。

という考え方で、法律事項が確保された上で、「条例事項（重要事項）」と「規則事項（軽易な事項）」が、振り分けられているのである。

では、財産管理における「振り分け」を確認してみる。

〔法律事項の決定（財産の区分）〕

財産の区分は、地方自治法自体に規定されている。財産管理に関する規程を定めるに当たっては、まず、自治体の財産を区分（グループ分け）しなければならない。道路法、都市公園法、図書館法、公営住宅法など個別の財産（施設）についての法律はたくさんあるが、地方自治という観点、つまり、個々の施設の属性ではなく、「自治体の財産」という観点からの全国共通の統制も必要なのである。

地方自治法は、財産の区分については、条例や規則に任せるべき事項ではなく、財産管理における自治体の共通ルールとして規定すべきであると判断しているのである。

グループ分けのためには、まず、いくつか基準を設定しなければならない。財産の区分において地方自治法が設定している基準は、大きく次の三つ（三段階）である。

① 自治体の所有かどうか。
② ①の所有物のうち、現に使用しているかどうか。
③ ②の使用している物のうち、住民利用のための物かどうか。

例として、A図書館、B庁舎、C役場跡地、D借地を、①〜③それぞれの基準に当てはめると、以下にグループ分けされる。

① 所有している物　　：A図書館、B庁舎、C役場跡地
　　所有していない物　：D借地
② 使用している物　　：A図書館、B庁舎

使用していない物　：C役場跡地
③　住民が利用する物　：A図書館
　　住民が利用しない物：B庁舎

〔**法律事項の決定（定義付け）**〕

　グループ分けはできた。しかし、このままでは、各グループに属する土地や建物を法律に羅列しなければならない。そこで、各グループの属性を表す言葉（グループ名）が必要となる。このグループ名が法律の「定義」である。地方自治法の定義は以下のとおり。
①　所有している物　：A図書館、B庁舎、C役場跡地……財産
②　使用している物　：A図書館、B庁舎……行政財産
　　使用していない物：C役場跡地……普通財産
③　住民が利用する物：A図書館……公の施設

　自治体が所有しているものは「財産」である。A、B、Cは自治体の財産であり、Dは財産ではない、ということになる。なお、本書では対象にはしないが、土地や建物以外のもの（物や権利）でも、自治体が所有権を持っているもの（物品など）は、「財産」という。

　次に、A、B、Cの中で、A図書館とB庁舎は現に使われている財産であるが、C役場跡地は使われていない。AやBのように使われている財産を「行政財産」と、Cのように使われていない財産を「普通財産」と呼ぶ。なお、使われている財産であっても、観光施設や競輪場などは、公の施設や庁舎とは別の管理がされるべきであるという理由から、普通財産として区分されることがある。

　行政財産であるAとBのうち、Aは住民が利用するための行政財産で、Bは職員が仕事で使用するための行政財産である。Aを「公の施設」という。ただし、市町村が県から借りている土地や建物を、公の施設として設置している場合などもある。その場合は、そもそも財産ではないということになる。

　結局、自治体の財産は、
ア　普通財産

イ　公の施設ではない行政財産（庁舎）
　ウ　公の施設
に分かれる。

〔**条例事項と規則事項への振り分け**〕
　地方自治法によって、自治体の財産（土地や建物）が区分された。次に、財産を管理するためには、管理規程を定める必要がある。財産管理のあり方は、施設ごとにそれぞれであるから、管理規程は法律で定めることはできない。条例と規則の出番である。
　ここで、財産管理において規程化（ルール化）して、決定しておかなければならない事項（管理事項）を挙げる。
① 　使用条件や手続
② 　使用料や貸付料
③ 　使用料・貸付料の減免
　自治体の財産は、
　ア　普通財産
　イ　庁舎
　ウ　公の施設
に分かれるので、財産管理のためには、3×3＝9項目の主要なルールが必要だということになる。その9項目について、地方自治法が条例事項と規則事項を定めている（振り分けている）。
　では、条例で規定すべき重要事項はどれか。自分が、地方自治法の案を創るとしたらどうするか、考えてみてほしい。
　条例事項は、以下のようになる。
　ア　普通財産……条例事項一つ（減免）
　イ　庁舎……条例事項二つ（使用料、減免）
　ウ　公の施設……条例事項三つ（使用条件、使用料、減免）
　地方自治法が、財産では公の施設を、管理事項の中では減免を、条例事項（つまり財産管理における重要事項）として定めた（選んだ）主な視点は以下の

とおりである。

① 公の施設について

公平平等な利用を確保するためには、議会の統制が必要である。

② 減免について

長による安易な執行を防ぐためには、議会の統制が必要である。

条例事項は、条例であればどのような形で規定してもかまわないが、一般的には、以下のように区分され、条例で規定されている。

・公の施設の管理事項全般……施設の設置管理条例
・庁舎の使用料、庁舎と普通財産の減免……財産関係の通則条例

なお、公の施設においても、自販機の設置などは目的外利用（行政財産の利用）であり、庁舎に関する規程が適用になる。財産関係の条例や規則を確認されたい。

第4章　教育財産の管理権限

　自治体の事務を執行する権限は、長だけに集中しているのではなく、各執行機関や企業管理者に分けられている。そのうち、財産や公の施設の管理権限は、長、教育委員会、企業管理者だけが持っている。
　教育委員会が管理している学校、図書館、公民館などは、公の施設であり、また、教育機関でもある。

Ⅰ　まずは、考え方を身に付けよう!

教育財産の管理権限

（1）自治体における権限配分についての原則的な考え方

　自治体の事務を行う権限は、各執行機関に系統的に分配されなければならない。基本的には、教育に関することは教育委員会が所管すべきである。
　これが、自治体組織における権限配分の原則的な考え方である。

●自治体における権限の配分（原則的な考え方）

	長	教育委員会	教育委員会以外の委員会	企業管理者
執行機関	○	○	○	×
所管する分野の事務を執行する一般的な権限	○	○	○	×
予算執行権（契約権限等）	○	○	○	×
財産管理権	○	○	○	×

（2）地方自治法上の管理権限

（1）の権限配分の考え方を土台として、自治体の事務執行における基本法である地方自治法においては、財産や公の施設の管理権限を長に専属させている（自治法149⑥・⑦）。地方自治法の中では、長以外の執行機関には財産の管理権限はない。教育委員会には、財産管理権は与えられていない。

●自治体における権限の配分（自治法）

	長	教育委員会	教育委員会以外の委員会	企業管理者
執行機関	○	○	○	×
所管する分野の事務を執行する一般的な権限	○	○	○	×
予算執行権（契約権限等）	○	×	×	×
財産管理権	○	×	×	×

（3）地教行法上の管理権限

一方で、学校、図書館、公民館などは、地方教育行政の組織及び運営に関する法律（地教行法）で「教育機関」であると定義付けられている（地教行法30）。

学校などは、以下の2つの性格を与えられているのである。

① 地方自治法における公の施設（行政財産）
② 地教行法における教育機関

その上で、地教行法では、学校などの教育機関の管理権限を長ではなく教育委員会に付与している（地教行法21①・②）。結果として、教育機関（教育財産）の管理権限は、教育委員会が持つことになる。地教行法は、地方自治法の例外を定め、その部分について地方自治法を打ち消す効力がある。

また、地方公営企業の管理者（企業管理者）は、執行機関ではなく長の補助機関であるが、地方公営企業法によって、その担任する事務の執行について、長から独立した権限を与えられている（地方公営企業法9）。その結果、長以外の執行機関よりも幅広い権限を有している。

●自治体における権限の配分（特別法）

	長	教育委員会	教育委員会以外の委員会	企業管理者
執行機関	○	○	○	×
所管する分野の事務を執行する一般的な権限	○	○	○	○
予算執行権（契約権限等）	○	×	×	○
財産管理権	○	○	×	○

（4）一般法と特別法

ここで、地方自治法と地教行法の条文を比較してみる。

◎地方自治法

第149条　普通地方公共団体の長は、概ね左に掲げる事務を担任する。
　六　財産を取得し、管理し、及び処分すること。
　七　公の施設を設置し、管理し、及び廃止すること。

◎地方教育行政の組織及び運営に関する法律
（教育委員会の職務権限）
第21条　教育委員会は、当該地方公共団体が処理する教育に関する事務で、次に掲げるものを管理し、及び執行する。
　一　教育委員会の所管に属する第30条に規定する学校その他の教育機関（以下「学校その他の教育機関」という。）の設置、管理及び廃止に関すること。
　二　教育委員会の所管に属する学校その他の教育機関の用に供する財産（以下「教育財産」という。）の管理に関すること。
（長の職務権限）
第22条　地方公共団体の長は、大綱の策定に関する事務のほか、次に掲げる教育に関する事務を管理し、及び執行する。
　四　教育財産を取得し、及び処分すること。

「地方自治法149条6号⇔地教行法21条2号・22条4号」や、「地方自治法149条7号⇔地教行法21条1号」は、それぞれ抵触している。地方自治法の各規定には「教育機関は除く」という例外はない。

このように、複数の法律が抵触する関係にある場合、より広い範囲の一般的な事項について所管している法律（一般法）よりも、より狭い範囲における特定の事項について規定している法律が優先する。これは、一般法と特別法の関係と呼ばれている。

地方自治法（一般法）は自治体行政全般について規定している。一方、地教行法（特別法）は自治体行政のうち、教育行政だけについて規定している法律である。よって、地教行法の規定が優先する。なお、属性（その法律そのものの性質）として地方自治法が一般法であり、地教行法が特別法なのではない。教育機関の管理において、地方自治法が一般法であり、地教行法が特別法となる。別の分野においては、地方自治法の規定が他の法律の特別法であることも考えられる。

教育機関については、公の施設であっても、長ではなく教育委員会が管理権限を持つ。よって、教育機関についての指定管理者の指定権限は長ではなく教育委員会にある。

II 理解を深め、思い込みを解消しよう！

個別管理法と地教行法（組織法）との違い

〔特別法としての個別管理法（作用法）の意味〕

地方自治法の特別法である道路法、都市公園法、公営住宅法、そして、学校教育法などの個別の公の施設の管理を定めた法律（個別管理法）においては、管理者は自治体であると定められている。

このような場合、個別管理法で規定された法律行為（行政処分）、具体的には、都市公園の占用許可の権限や公営住宅の入所決定の権限は長が行使しなければならず、指定管理者に委託した場合でも指定管理者には委託（委任）できない。指定管理者への委託の範囲は、清掃、警備、受付などの事実行為

と条例上の行政処分に限られることになる。

　これは、個別管理法は、都市公園などの管理そのものについて定めた法律だからである。管理について包括的に地方自治法に対して優先する。指定管理者制度についても、個別管理法が規定する「管理者は自治体（長、教育委員会、企業管理者）でなければならない」ことを前提として適用される。地方自治法の「指定管理者に行わせることができる」は、個別管理法の「管理者は自治体」によって打ち消される。

●**個別管理法の有無と委託できる範囲**

	指定管理委託できる範囲		例
	法律行為 （許可）	事実行為 （受付・案内、清掃、維持補修など）	
個別の管理法がない場合	○	○	下記以外
個別の管理法がある場合	× （条例上の許可は○）	○	公営住宅、都市公園、病院、学校、道路など

[**特別法としての地教行法（組織法）の意味**]

　地教行法も個別管理法と同じく地方自治法の特別法ではあるが、特別法としての意味が異なる。地教行法は、自治体における権限の配分について長と教育委員会との間を調整する役割を持っている。自治体組織の中で、地方自治法上の長の権限を教育委員会に移すだけである。地方自治法の読み替え規定に過ぎず、個別管理法のように権限を持つもの（管理者）を固定する役割は持っていない。個別管理法とは法律の目的（創られた理由）が違う。

　よって、指定管理者への委託の範囲は地教行法によっては限定されない。教育機関の管理は、学校教育法などの個別管理法がない限り、法律行為（許可など）の権限を含めて指定管理者に委託できる。

　以上のことは、地方公営企業法と企業管理者にも当てはまる。

Ⅲ 復習とさらなる理解のために

教育機関に関する権限のまとめ

　学校をはじめとした教育機関・教育財産に関する権限は、長と教育委員会に分かれており、少し、ややこしくなっている。そこで、地方自治法（一般法）と地教行法（特別法）の規定を学校が設置されてから廃止されるまでの時系列に沿って整理してみる。
① 　学校用地と建物の取得
　　＝長の権限（自治法149⑥・⑦、地教行法22④・⑥）
② 　教育機関の設置（学校開設）
　　＝教育委員会の権限（地教行法21①）
③ 　教育機関としての学校の管理
　　＝教育委員会の権限（地教行法21①）
④ 　財産としての学校建物と用地の管理
　　＝教育委員会の権限（地教行法21②）
⑤ 　教育機関の廃止（廃校）
　　＝教育委員会の権限（地教行法21①）
⑥ 　廃止後の土地・建物の管理・処分
　　＝長の権限（自治法149⑥・⑦、地教行法22条④・⑥）

　長は学校について、「ゆりかごから墓場まで」ではなく、「ゆりかごと墓場だけ」を管轄している。
　さて、③と④の違いが分かるだろうか。③は「教育機関（公の施設）としての学校」を管理する権限、④は「財産としての学校（の構成要素である土地や建物など）」を管理する権限である。使用許可（学校の場合は高校における合格者の決定が相当。自治法244の2Ⅰ）の権限が③に属し、目的外使用許可（グラウンドの開放、自販機の設置など。自治法238の4Ⅶ）の権限は④に属する。
　自治体の中でよく議論になるのが⑥である。多くの自治体では、公の施設が廃止になった場合、建物を撤去した上で、施設担当課から財産管理の担当課へ引き継ぐことになっている。言い換えれば、「財産管理課は原課が更地にしないと引き受けない」というローカルルール（財産管理規則、要綱、通知

など）が存在するようだ。

　しかし、教育施設の場合は、法律で「教育施設の処分（処分のための管理も含む）は長の権限（しごと）」とされている。つまり、教育委員会が管理権限を持っているのは、「教育機関とそれに供されている教育財産」なのである。ここでいう教育財産は、すべて特定の目的に供されているので行政財産に含まれる。

　教育委員会が、用途を失った財産（普通財産）を管理することは予定されていない。学校施設を廃止した後は、「法的に」教育委員会から長の財産管理部門が引き継がなければならない。

　なお、行政財産と普通財産の区別は客観的なものである。特に用途廃止の場合は、判断の余地はない。「学校は廃止したが、まだ、普通財産にしていない」などという言い訳は通用しない。それは、台帳上の整理を怠っているだけである。

●**教育機関の設置・管理における権限の配分**

	財産取得	施設設置	財産管理	施設管理	施設廃止	財産処分
長の権限	○					○
教委の権限		○	○	○	○	

〔**自治体の組織も「縦割り」**〕

　教育機関における長と教育委員会との権限配分を把握するには、前提として、地方自治法における「執行機関」の考え方を理解しておくことが欠かせない。国における各省庁ないしは各大臣の事務や権限のように自治体も制度上は「縦割り」になっており、長と教育委員会との間は、必要に応じて法律で律せられる関係なのである。

　よって、長部局の内部のように長が財産管理の規程すべてを決めることはできない。「財産管理課⇔観光課」と「財産管理課⇔学校教育課」とは「法的な距離」が違うのである。

〔使用料の徴収権限は長〕

　しかし、自治体全体の財産管理（施設廃止後の引継ぎ）のルールの中で教育委員会だけ特別に扱うことは非効率だ。また、どちらが管理しても自治体の所有物であることは変わりがないので、住民の権利や義務に直接影響することはない。地方自治法や地教行法の規定や趣旨を踏まえつつも、実際的な取扱いをすることも許されるのではないかとも考えられる。いずれにしろ、揉めさせるつもりはないので、仲良く話し合ってみてほしい。

　一方で、使用料の徴収権限（減免を含む）については、特別法はないので、長が持ったままである。そのことが地教行法にも確認的に規定されている（地教行法22⑥）。よって、学校施設については、目的外使用にかかるものを含めて、使用料の徴収は長が行うことになる。

第5章 行政財産の目的外使用許可と貸付

　行政財産のうち、公の施設は、その設置された目的以外に利用させることはできない。また、庁舎は、そもそも住民が利用するためのものではない。

　しかし、本来の利用や管理を妨げない範囲で、行政財産を利用させることができる制度が設けられている。

Ⅰ　まずは、考え方を身に付けよう!

1　目的外使用許可と貸付の制度趣旨

　行政財産については、目的外使用許可と貸付の規定が、地方自治法に置かれている（自治法238の4Ⅶ・Ⅱ④）。いずれも、本来は、行うことができない（行わせてはならない）施設の設置・管理目的外の使用を可能にするものである。

　その意味で、行政財産の目的外使用許可と貸付は、公の施設の使用許可や普通財産の貸付のように、その財産とともに当然に存在するしくみではなく、自治体の財産管理における創設的なしくみ（あえて創られたもの）である。

2　目的外使用許可

（1）目的外使用許可の性質

　目的外使用許可は、行政財産である庁舎や公の施設についての制度である。許可ではあるが、公の施設の使用許可（例：体育館の利用）とは性質が異なる。

　公の施設の使用許可は、住民が当然に持っている公の施設を利用する権利について、利用目的を確認し、利用調整を行うものである。

　一方、目的外使用許可は、本来は、住民が利用できない財産（庁舎）や行

うことができない利用形態（例：自販機の設置）について、それを可能にするための特別の権利を設定する行政処分（行政処分としての性質は許可ではなく「特許」）である。

「目的外使用」や「目的外使用許可」は、その根拠である地方自治法において、「目的外使用（許可）」という名称が用いられているわけではない。規則においては、「行政財産の使用許可」と規定されていることが多く、本来は、その表現が相当である。

しかし、行政財産である公の施設における本来の設置目的に従った許可（使用許可）との区別を明確にするため、実務上は、「目的外使用許可」と呼ばれている。

◎地方自治法
　（行政財産の管理及び処分）
第238条の4
7　行政財産は、その用途又は目的を妨げない限度においてその使用を許可することができる。

◎H市財産管理規則
　（行政財産の使用許可基準）
第8条　行政財産は、その用途、目的を妨げない限度において、次に掲げる場合その使用を許可できるものとする。
（1）　国、他の地方公共団体において、公用又は公共用に供するため、特に必要と認められる場合
（2）　市の職員その他当該行政財産を使用又は利用する者のため厚生施設を設置する場合
（3）　公共目的のために行われる講習会などの用に使用させる場合
（4）　前各号に掲げる場合のほか、市長が特に必要と認める場合

例外的な利用方法を認める制度であるため、許可条件（上記規則例の各号）に該当すれば、当然に許可すべき（しなければならない）ものではない。規

則例の柱書（各号列記以外の部分）の「その用途、目的を妨げない限度において」の存在への留意が必要である。

本来的には、許可するかどうかについての行政庁（長、教育委員会、企業管理者）の解釈の幅や裁量の余地が大きく、許可申請に対して消極的な態度で臨むことも当然、許される。

一方、公の施設の場合は、許可条件に該当する申請については、競合する申請がない限り、必ず許可しなければならないことになる。「許可」の意味は、それぞれに大きく違う。

●**目的外使用許可の性質**

●**目的外使用許可のしくみと流れ**

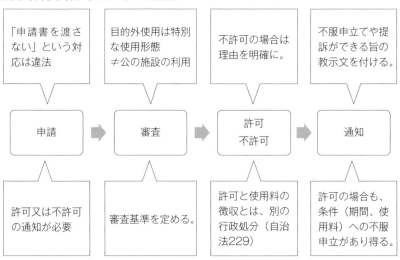

（2）目的外使用許可制度の実際

しかし、目的外使用許可においても、一旦、許可を行った場合は、許可の対象がいずれも長期間の利用が必要なもの（例：電柱、自販機、組合事務所）が大半であるため、庁舎の機能を損なわない限り、公の施設の使用許可のような定型的な判断・確認によって、毎年度の許可を繰り返すことになる場合が多い。

なお、実務においては、これを「更新」と理解している傾向がある。そうではなく、あくまで期間ごとに独立した別々の許可であり、個別の手続が必要である。

目的外使用の対価は、使用料である。その意味では、公の施設の利用の対価と同じである。減免する場合を含め条例で定めなければならない（自治法228Ⅰ、96Ⅰ⑩）。規則や要綱で定めることはできない。

3　行政財産の貸付制度

庁舎に恒常的な空室がある場合は、財産の有効活用の一つとして、契約によって貸し付けることができる（自治法238の2④）。他にも貸付できる特定の場合が規定されているが、一般的な貸付は同号によることになる。貸付料は、目的外使用許可の場合とは異なり規則で定める。

◎地方自治法

（行政財産の管理及び処分）

第238条の4　行政財産は、次項から第四項までに定めるものを除くほか、これを貸し付け、交換し、売り払い、譲与し、出資の目的とし、若しくは信託し、又はこれに私権を設定することができない。

2　行政財産は、次に掲げる場合には、その用途又は目的を妨げない限度において、貸し付け、又は私権を設定することができる。

　四　行政財産のうち庁舎その他の建物及びその附帯施設並びにこれらの敷地（以下この号において「庁舎等」という。）についてその床面積又は敷地に余裕がある場合として政令で定める場合において、当該普通地方公共団体以外の者（当該庁舎等を管理する普通地方

公共団体が当該庁舎等の適正な方法による管理を行う上で適当と認める者に限る。）に当該余裕がある部分を貸し付けるとき。

◎地方自治法施行令

（行政財産である庁舎等を貸し付けることができる場合）

第169条の3　地方自治法第238条の4第2項第4号に規定する政令で定める場合は、同号に規定する庁舎等の床面積又は敷地のうち、当該普通地方公共団体の事務又は事業の遂行に関し現に使用され、又は使用されることが確実であると見込まれる部分以外の部分がある場合とする。

● 行政財産の貸付の流れ

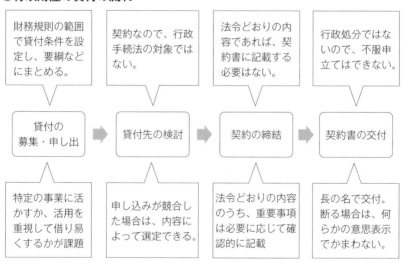

4　目的外使用許可と貸付との違い

　目的外使用許可は、利用者の行為的な事情が先行する。例えば、「自販機を置く場所を探している。ついては、1階のロビーに設置させてほしい」である。

　一方、貸付は自治体における場所的な事情が先行する。「1階の旧指定管

理推進室の事務室は、当分、利用する見込がない。オフィスなどに使いませんか」となる。

Ⅱ 理解を深め、思い込みを解消しよう!

1 自販機の貸付制度による設置は不適当

貸付の条件は、目的外使用許可と同じ、「その用途又は目的を妨げない限度」である（自治法238の4Ⅱ）。そこで、庁舎内の自販機なども目的外使用許可ではなく、この貸付制度に拠っている自治体もみられる。

しかし、貸付制度は、行政財産の一部であっても、空室や敷地の恒常的な余裕部分ならば、利用目的が決まっていない空き地などの普通財産と同じ扱いができることから設けられたものである（自治令169の3）。よって、庁舎内における自販機の設置を貸付で行うことはできない。

行政財産の貸付ができる要件である「当該普通地方公共団体の事務又は事業の遂行に関し現に使用され、又は使用されることが確実であると見込まれる部分以外の部分」（自治令169の3）が、「庁舎内の通路の一角」であると解釈することができるのかどうかは、法以前の常識で判断されるべき事柄である。住民に何の利益を及ぼさない、職員が楽をすること（手続回避）だけを動機とした「解釈」は、厳に慎まなければならない。

●行政財産の目的外使用許可と貸付の違い

	制度趣旨	対象	利用手続	利用の対価	対価の根拠
目的外使用許可	利用者の便宜（利用者側の事情に立つ）	空きスペース	許可	使用料	条例
貸付	空き室の活用（自治体側の事情に立つ）	恒常的な空き室	契約	貸付料	規則

2　自販機の設置を貸付で行うことの弊害

　行政財産の貸付料は、長が定める財産管理規則（財務規則）で決定する。一方、目的外使用許可の使用料は条例で定められる。また、使用料の徴収や不許可処分に対しては審査請求ができ、長はその裁決に当たって、議会に諮問しなければならない（自治法229Ⅱ、238の7Ⅱ）。

　議会の統制から外れてしまうという意味からも、目的外使用許可に拠るべき自販機の設置などを、貸付で行うべきではない。

3　許可未満の「許可」

　目的外使用許可（行政財産の使用許可）については、財産管理規則あるいは財務規則に許可の基準などが規定されている。しかし、これとは別に庁舎管理規則にも、目的外使用に当たる行為についての許可基準が規定されている。自治体の庁舎管理規則の中には、庁舎管理責任者（課長級職員）に許可権限を与えているように見えるものがある。

◎A市庁舎管理規則

（許可を必要とする行為）

第5条　庁舎等において次の各号に掲げる行為をしようとする者は、あらかじめ庁舎管理責任者の許可を受けなければならない。

（1）　集会又はこれに類する行為をすること。

（2）　物品の販売、宣伝、勧誘又は寄附の募集をすること。

（3）　広告物等を掲示し、又は設置する行為をすること。

　庁舎における目的外使用許可の権限を持っているのは、長である。法的には長が許可権限を持つことが正しい。しかし、ここで許可が必要であるとされている行為は、いずれも、目的外使用許可の対象となる行為のうち、軽易なものである。休憩時間における弁当の販売などであり、自販機の設置のような継続的な行為ではなく、庁舎の使用というよりは一時的な立ち入りに過ぎない。

　よって、例のように目的外使用許可ではなく、総務課長などの了解・確認

の対象とすることで十分であり、それが適当である。庁舎管理規則の「許可」も、「許可」という表現を使用しているものの、行政処分としての許可ではない。

法制度の運用においては、条文に当てはまるかどうかという定性的な判断だけではなく、法の目的や趣旨から判断して、法令の対象とする価値があるかどうか、という定量的な判断が欠かせない。

Ⅲ 復習とさらなる理解のために

目的外使用における「二段階方式」の違法性

庁舎や公の施設における営利活動は、行政財産の目的外使用許可制度（自治法238の4Ⅶ）の対象である。許可申請の多くは、自販機や広告の設置だ。庁舎や公の施設には、多くの住民が訪れるため、売上げや効果は多大である。

一方で、条例で定める目的外使用料（自治法225）の額は、行政財産の中に設置せざるを得ない（場所を選べない）電柱の設置などの、半ば公益的な設備の設置を想定しているので、低額に設定されている。

そこで、増収を図るため、多くの自治体では、
① 許可によって条例上の使用料を徴収
② ①に加えて、契約によって要綱で定めた料金を徴収
という二段階のしくみ（二段階方式）を採用している。

〔二段階方式の制度的な欠陥〕

しかし、同一の行為の成立において、許可と契約を行うことについては、その意味が全く理解できない。法律に基づいて許可を得れば、それで使用が可能になる。上乗せ分の契約締結を拒否しても、使用を認めなければならない。また、「要綱に基づく契約を締結しなければ、許可は出さない」は、極めて単純かつ原始的な違法行為である。行政と呼ばれる存在の行いではない。

そもそも、条例で定められた使用料以外の対価を徴収することはできない。それは、単なる不当利得、つまり、財産管理権を盾にした行政側からの強要

でしかないだろう。「市の工事を請け負ったのだから、イベントに寄附しろ」と構造は同じである。

〔二段階方式の民主的な欠陥〕

　そもそも、二段階方式は増収につながっているとはいえない。契約要綱による上乗せ分について、きちんと使用料改正の条例案を出した場合に、議会において、より高額に修正される可能性があることが想定できていないのである。

　契約要綱なるもので、違法に料金を設定し徴収していることは、議会が、「自販機の設置に対しては、もっと多くの使用料を徴収すべきだ」と判断できる機会（その判断こそが適正な対価である）を奪うことになっている。客観的に評価すれば、単に、担当者が使用料条例を改正するのが面倒なので、二段階方式を考案したにすぎない。

　条例事項について、条例を改正せずに、職員が不足と考える部分を要綱で補うことができるとするならば、それは、すなわち、条例を創る議会は必要ない、ということを意味している。二段階方式の採否においては、自治体職員として、その手法の拙さ、歪さ、そして、何よりも、その手法が自治体において一般化された場合にどのような事態を招くか、という想像力を持たなければならない。

〔二段階方式の背景〕

　「二段階方式」を採用した背景として、効果を大きく見せるために、今までとのやり方の違いが明確になるようなしくみを無理に作った、という点も指摘できる。言うなれば「財産管理のイベント化」である。利益に見合った適正な使用料を徴収し、一定の収入増を実現したこと、そして、行政財産の管理における不平等を解消することが、目的外使用の適正化における等身大の効果である。決して、「財政に貢献した」「担当部門が自ら財源を確保した」などという規模や次元のものではない。

「二段階方式」が多くの自治体に拡散した原因をまとめておく。
① 法的な思考が身に付いていないこと
② 法制度を理解しようとしないこと
③ 議会の役割や職員の立場を誤解していること
④ 他の自治体の例を、そのしくみを理解することなく、模倣していること。また、その模倣が組織において安易に承認されてしまうこと
⑤ 目立つ事業、あるいは目立つような方法ばかりを好み、堅実に事務をこなそうとしないこと

〔目的外使用における適正な使用料徴収〕

以下に、目的外使用料の増額を図るための正統な方法を示す。

① 使用料条例の改正

自販機の設置や広告の設置について、条例を改正し、従来の電柱の設置などとは別途の使用料体系を設ける。

② 例外規定の解釈・運用

自治体の目的外使用料を定めた条例には、「定額の使用料が適当でない場合は別に長が定める」という例外規定が置かれている場合がある。自販機や広告の設置をこの例外規定に当てはめて、売上などに比例した「特別使用料」を徴収することも可能である。

③ 許可対象の再設定

①又は②の方法と併せて、広告設置の場合は、許可の対象を「個別具体の広告設置」ではなく、「広告スペースの設置」に変えれば、許可を受けた広告会社が掲出企業を募集することになり、掲載業者を選定する事務も省力化できる。広告会社は、使用料と広告掲出業者からの代金との差額を得ることになる。

第5章　行政財産の目的外使用許可と貸付

おかしな要綱など作らなくても、法的手段はちゃんと、そこにある。

● **目的外使用許可手続の効率化**

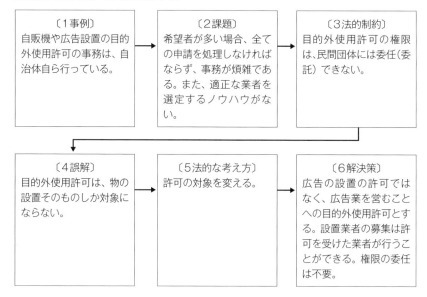

委託の原則

　公の施設の管理は、地方自治法の指定管理者制度によって、民間団体に委託している。しかし、自治体が委託している事務の中には、法律の規定がないにもかかわらず、委託されているものもある。

　自治体の事務には、法律の根拠がないと委託できないものと、根拠がなくても委託できるものがある。

Ⅰ　まずは、考え方を身に付けよう!

1　委託における法的原則の存在

（1）自治体の事務と委託の根拠

　自治体の事務（しごと）の中には、法律でその実施を義務付けられているものも少なくない。公の施設の管理もその一つである（自治法244）。

　それらの法定事務の一部には、法律に委託できる根拠が設けられているものがある。公の施設の管理についても、地方自治法に指定管理者制度が規定されている（自治法244の2Ⅲ）。

　しかし、民間団体などに委託している事務のすべてに委託できる法的な根拠があるわけではない。よって、自治体の事務の中には、

① 　法律で「委託できる」という根拠がなければ委託できない事務
② 　法律で「委託できる」という根拠がなくても適法に委託できる事務

　があることになる。

（2）委託の原則の存在

　この違いについては、「自治体の事務の委託に関する法律」のような個別の法律が設けられ、そこに委託の可否の基準や事務の種類が示されているわ

けではない。すべての法律や条例に共通する法的な原則・考え方によって、委託における根拠の要否が分けられているのである。

この原則は、いわば「見えない条文」として、それぞれの法律や条例の規定を補完する役割を果たしている。あらゆる法律の規定や解釈を支えている土台のようなものである。「法律に規定はないけれども、法的には確固として存在する原則（考え方）」なのである。むしろ、法的な原則（法的な考え方）を社会において実現するために具体化したものが、それぞれの法律や条例（法令）であるともいえる。

法令に基づく事務に携わる際には、法的な原則をとおして、根拠条文を解釈しなければならない。法的な原則についての理解を持たずに、条文を「読む」だけでは、法制度を運用することはできない。

指定管理者制度も法制度であり、自治体の事務の委託における原則を把握することによって、理解を得ることができる。

2　自治体の事務における委託の原則

「根拠がなければ委託できない事務」と「根拠がなくても委託できる事務」とを分ける委託の原則について、まずは、指定管理者制度とは別の制度で確認してみる。

> ◎計量法
> （定期検査）
> 第19条　特定計量器を計量に使用する者は、都道府県知事が行う定期検査を受けなければならない。
> （指定定期検査機関）
> 第20条　都道府県知事は、その指定する者（以下「指定定期検査機関」という。）に、定期検査を行わせることができる。

計量法では、主に商取引で使用する計量器（はかり）について検査を義務付け、その検査の実施を自治体が行うこととしている（計量法19）。目的は公正な取引の実現である。

その上で、民間団体（指定定期検査機関）に検査の実施を委託できるという規定を置いている（計量法20）。計量法における計量器の検査については、委託できる根拠がある。実際にも、多くの自治体で検査事務を指定定期検査機関（検査機関）に委託していると思われる。

委託した場合は、検査機関が検査を行い、検査済章を発行する、つまり、検査機関が行政処分を自らの権限（名義）で行うことになる。計量法における自治体の長の地位に、検査機関の長が取って代わる。

> ◎道路法
> 　（市町村道の管理）
> 　第16条　市町村道の管理は、その路線の存する市町村が行う。

道路法には、委託の根拠規定がない。しかし、道路の管理（維持補修）は、どの自治体でも民間団体に委託している。道路管理の一部である維持補修は、道路法などの法律の規定によって委託されている事務ではない。よって、以下のことがいえる。

① 計量器の検査は法的な根拠（計量法20条）があって委託している。
　→計量器の検査の事務については、根拠がなければ委託できないので根拠を置いている。
② 道路の維持補修については法的な根拠がなく委託している。
　→道路の維持補修の事務については、根拠がなくても委託できるので根拠を置いていない。

①と②を同時に正当化する、つまり、①と②が矛盾しないようにするためには、計量法における計量器の検査の事務と、道路法における道路の維持補修の事務との法的な違いを見出さなければならない。同じであれば、道路管理における委託の実態が違法であるか、あるいは、計量法20条の委託の根拠規定が意味のないものになってしまう。

「計量器の検査と道路の維持補修は○○において異なる。だから、委託についての根拠の有無に違いがある」という理由を発見し、それを一般化して「自治体の事務は○○の観点から、委託について法律の根拠が必要な事務と

不要な事務とに分かれる」という公式を立てなければならない。この公式が委託における原則なのである。

●委託と法律の根拠との関係

3 「権利と義務」が法制度のキーワード

根拠なく委託している（適法に委託できていると考えられる）道路の維持補修の事務が持つ、住民への効果について考えてみる。適切な維持補修ができていない道路、例えば、その中央に大きな穴が開いている道路を住民が通行することはできない。しかし、通行する権利はある。道路の補修が実施されているかどうかと、権利の有無とは別の問題である。

よって、委託の対象である道路の維持補修によって、（通行する権利の実現が妨げられることはあっても）住民の道路を通行する権利が発生したり、消滅したりすることはない。道路の維持補修は住民の権利義務に直接関係する事務ではない。

【維持補修がされていない道路】
・物理的な使用→不可
・使用する権利→あり

計量器の検査についても、同じ検討をしてみる。計量法19条の検査を受

けていない計量器であっても針は動く。検査を受けているかどうかと、正確に作動するかどうかは別の問題である。しかし、法定の検査を受けていない計量器を使用する権利はない。その使用は、違法行為である。

【検査を受けていない計量器】
　・物理的な使用→可
　・使用する権利→なし

　以上のことから、次のことが分かる。
・　法の根拠なく委託している道路の維持補修は、住民の権利義務に関係のない事務である。
・　法に委託の根拠がある計量器の検査は、住民の権利義務の発生にかかわる事務である。
　つまり、委託における課題として設定した「自治体の事務は〇〇の観点から、委託に根拠が必要な事務と不要な事務とに分かれる」という公式における「〇〇」とは「住民の権利や義務」なのである。

●**法律行為と事実行為**

		物理的な使用ができるようになる	法的に使用できる権利が発生する
秤の検査		×	〇 法律行為
道路の補修		〇 事実行為	×

4　委託の一般原則

　ここに、「住民の権利や義務の発生にかかわる事務は法律の根拠がなければ委託できない」という行政の事務の委託における一般原則が見いだされる。

権利義務の発生にかかわる事務は「法律行為」と、権利義務に直接関係のない事務は「事実行為」と呼ばれることがあるので、簡単に「法律行為の委託には法的根拠が必要」「事実行為の委託には法的根拠が不要」と表現することができる。

また、委託について考える場合には、法律行為とは、許可、決定などの行政処分とほぼイコールだと考えてかまわない。つまり、

○　行政処分の事務（権限）は、「委託できる」という法律の根拠がなければ委託できない。
　　＝委託についての法制度が必要
○　事実行為の事務（権限）は、「委託できる」という法律の根拠がなくても委託できる。
　　＝委託についての法制度は必要ない、業務委託契約で委託できる
ということになる。

●委託における法的な考え方（委託の一般原則）

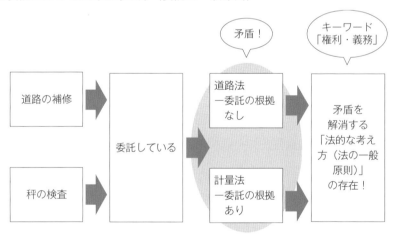

●委託と法律の根拠との関係

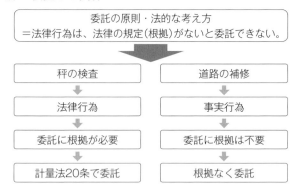

●法律の根拠と委託の可否

	法律行為	事実行為
「委託できる」旨の法律の根拠あり	委託可	委託可
法律の根拠なし	委託不可	委託可

5　法律行為の委託に根拠が必要な理由

(1) 委託の一般原則と法治主義

　自治体が計量器検査のような法律行為(行政処分)を行うためには法律又は条例(法令)の根拠が必要である(自治法14Ⅱ)。その行政処分の根拠法令においては、行政処分の内容だけではなく、行政処分を行う主体(「行政庁」という。長などの執行機関)も規定しなければならない。

　よって、行政処分を行う権限を、法令に定められた行政庁から、民間団体などへ移動させることになる行政処分(法律行為)の委託については、法律の根拠が必要なのである。

　なお、条例に基づく行政処分についても、条例に委託の根拠を置くことよって民間団体に委任することはできず、法律に基づかなければならない。「(法定の)行政庁が権限を行使する」という法務における原則(法治主義の

内容の一つ）は、条例によって自治体ごとに変更できる次元の事柄ではないからである。

（２）委託の一般原則を支える法的基準

委託の一般原則を支えているのが、「住民の権利と義務に関係するかどうか」という基準である。実務でもよく使われる「法的（な）」とは、権利や義務に関するという意味であるから、この基準は「法的基準」と呼ぶことができる。法務においては、この「法的基準」によって、事務としての価値（法律行為が事実行為よりも重要）や根拠の要否が判断される。それが、自治体の事務における委託のあり方も決定しているのである。

そこには、住民の権利や義務に関する事柄が自治体の事務の中で、相対的に重要なのだという価値観（おそらくそれは住民の期待・要望と一致する）が存在する。

●法律行為の根拠と委託の根拠

委託の対象となる 法律行為の根拠規程	委託するために必要となる 根拠規程
法律	法律
条例	法律（条例では委託できない。）

6　委託の一般原則と委託制度との関係

ここで、法の一般原則と法律上の委託制度との関係をまとめてみる。
① 委託の原則
　・法律行為の事務（権限）
　　……法律の根拠がなければ委託できない。
　・事実行為の事務
　　……法律の根拠がなくても、業務委託契約で委託できる。
② 法律上の委託制度
　・（○○の事務を××に）委託できる。
　①は原則であるから、基本的には条文化されない。②は制度的なものであ

るから、条文として存在する。②の制度的な規定は、条文には見えない①の制約があることを前提として、成立しているのである。②が存在しているということは、原則として、「○○の事務」の中に法律行為が含まれていることを意味している。

7 指定管理者制度が根拠規定を持つ意味

(1) 指定管理者制度による法律行為の委託

　公の施設の管理の委託である指定管理者制度は、計量法における検査の委託のように法律に根拠を置いている（自治法244の2Ⅲ）。これは、公の施設の管理には、法律行為の事務が含まれているからである。公の施設の管理に関係する事務は、次の四つに分けることができる。

①　物的管理……施設の清掃、補修、点検など
②　人的管理……受付、案内、講座やイベントの実施など
③　法的管理……施設の使用許可など
④　その他の法的な事務……使用料の徴収、使用料の減免、目的外使用許可・同使用料の徴収・減免、貸付・貸付料の徴収・減免

　①や②は事実行為であり、③は法律行為である。よって、①や②の事務を委託するには法律の根拠は不要である。③は法律行為（住民の権利や義務の発生に直接かかわっている行為）なので、法律の根拠がなくては委託できない。

　公の施設の管理の事務について、委託の根拠として指定管理者制度が置かれている意味は、③の使用許可の事務（権限）を委託（委任）できるようにすることにある。③の使用許可などを含めて、地方自治法244条で自治体が行うこととされている公の施設の管理を、民間団体に委託できるのが指定管理者制度なのである。

(2) 指定管理者制度で委託できない法律行為

　④の事務は法律行為であり、かつ、公の施設の管理そのものの範疇には含まれないので、指定管理者制度とは別に委託の根拠が必要となる。

　なお、使用料や貸付料の徴収については、徴収の委託（自治法243、自治令158Ⅰ①・③）によって指定管理者に委託できる。ごみ袋の販売という形

で行われている、ごみ処理手数料の徴収を委託しているのと同じである。

　使用料や貸付料の減免、目的外使用許可及び貸付に関する事務は、民間団体に委託できる根拠がないので委託できない。

Ⅱ　理解を深め、思い込みを解消しよう!

同一事務における法律行為と事実行為

　「法律行為は、法律の根拠がなければ委託できない」という意味を、もっと、正確に捉えてみる。住民票の写しの発行事務を例に挙げる。

> ◎住民基本台帳法
> 　（本人等の請求による住民票の写し等の交付）
> 　第12条　住民基本台帳に記録されている者は、市町村長に対し、住民票の写しの交付を請求することができる。
> 　5　市町村長は、住民票の写しの交付の請求があつたときは、写しを交付することができる。

　住民基本台帳法12条に基づく住民票の写しの交付決定は、行政処分（法律行為）である。交付決定によって申請した住民票の写しの交付を受ける権利が申請者に生じる。交付決定は法律行為なので委託するには法律の根拠が必要であるが、同法には委託の根拠は設けられていない。よって、委託できないと考えられそうである。

　しかし、交付に至るまでの過程に従って、交付の事務を分解してみると、結論は変わってくる。

〔住民票の交付における過程〕

　住民票の交付における過程は、次のようなものである。

　　窓口案内→記載指導→申請書受取→交付決定（交付・不交付の判断）→
　　台帳検索→印刷→引渡し

このように、交付全体を一つの事務ではなく、複数の事務として細分化して捉えることもできる。ここでは、住民票の写しを物理的に渡すことと、交付決定という行政処分を行うこととは、別の作用であることについての理解が必要となる。

これらの細分化された事務を、法律の根拠がなく委託できるものとそうでないもの、つまり、事実行為と法律行為に分類すると、次のようになる。
○ 窓口案内、記載指導、申請書受取、台帳検索、印刷、引渡し
　→事実行為＝委託可能
○ 交付決定
　→法律行為＝委託不可

住民票の写しの交付については、交付決定そのもの、つまり、申請者に交付すべきかどうかの判断以外は、「委託できる」という根拠がなくても委託が可能である。全体としては、委託に根拠が必要な法律行為の事務であっても、その事務を行う過程には、根拠がなくても委託できる事実行為の事務が存在するのである。交付決定そのものを委託するためには、住民基本台帳法の改正が必要となる。

指定管理者には委託できない目的外使用許可についても、申請書の受領や

●自治体事務の委託とその根拠
（例：住民票の写しの交付決定の例）

	法律の根拠がなければ委託できない	法律の根拠がなくても委託できる
許可（行政処分）・契約などの住民の権利や義務を決定する事務 ⇒法律行為の事務 例：住民票の交付決定	○	×
上記以外の事務 ⇒事実行為の事務 例：窓口の案内 　　申請書記入の指導 　　交付申請書の受領 　　写しの引渡しなど	×	○

許可書の引渡しなどの許可の決定自体以外の事務であれば、委託することができる。ただし、その際は、指定管理委託における協定とは別に業務委託契約が必要となる。指定管理者制度に基づく委託ではないからである。

Ⅲ　復習とさらなる理解のために

個別管理法における指定管理者制度に対する制約

　「個別法の規定がある公の施設については、指定管理者制度を導入しても、許可権限は民間団体などに委託（権限委任）できない」という趣旨の、国の通知や解説書の規定を見たことがあると思う。具体的には、公園（都市公園法）、公営住宅（公営住宅法）、道路（道路法）などに関して、通知が出されている。この通知の意味を理解するためには、「委託の一般原則」についての見識が欠かせない。

　以下は、都市公園法の規定と国の通知の記述である。

◎都市公園法
　（都市公園の管理）
　第2条の3　都市公園の管理は、地方公共団体の設置に係る都市公園にあつては当該地方公共団体が、国の設置に係る都市公園にあつては国土交通大臣が行う。
　（都市公園の占用の許可）
　第6条　都市公園に公園施設以外の工作物その他の物件又は施設を設けて都市公園を占用しようとするときは、公園管理者の許可を受けなければならない。

◎指定管理者制度による都市公園の管理について（国都公緑第76号平成15年9月2日）
　2　指定管理者が行うことができる管理の範囲は、地方公共団体の設置に係る都市公園について公園管理者が行うこととして都市公園法

> において定められている事務（占用許可、監督処分等）以外の事務（行為の許可、自らの収入とする利用料金の収受、事実行為（自らの収入としない利用料金の収受、清掃、巡回等）等）であること。

通知の内容を整理すると以下のようになる。
① 都市公園法で定められている事務（占用許可など）
　＝指定管理者制度を採用しても委託できない。
② 条例上の使用許可（行為の許可）
　＝指定管理者に委託できる。
③ 利用料金の徴収
　＝指定管理者自身の事務（委託の対象ではない）
④ 事実行為（清掃など）
　＝指定管理者に委託できる。

　通知そのものの意味を大まかにいえば、「行政処分を含めて委託できる」という地方自治法244条の2第3項の規定よりも、「公園管理者（自治体＝長）の権限」と定めている都市公園法の各規定の方が、特別法として優先される、ということになる。

　その上で、「都市公園法において管理者が行う（委託してはいけない）と定められている事務は、占用許可や監督処分（許可の取消）などの法律行為だけである」から、「清掃や巡回などの事実行為は管理者以外のものも行うことができる（委託できる）」とされている。

　しかし、都市公園法2条の3には、「公園管理者は長（委託できない）」という規定がある。清掃や警備などの事実行為も、公園の管理の一部である。よって、都市公園法が地方自治法に対して特別法として優先するのであれば、公園の管理は法律行為であっても事実行為であっても、一切、委託できないはずである。

　ところが、通知では、「④事実行為であれば指定管理委託できる」とされているのである。

　どうして都市公園法から通知のような見解が出てくるのだろうか。

第6章 委託の原則

〔国の通知の理解と委託の一般原則〕

　委託の一般原則に従うと、通知の本当の意味が分かる。通知が「都市公園法が定めているのは、法律行為だけである」としているのは、「（そもそも、法律は権利義務について定めるのがその役割であるところ）都市公園法が公園管理者に指示しているのは、占用許可などの法律行為の実施だけであり、事実行為をだれが行うのかは、都市公園法が関知するところではない」ということだと考えられる。

　清掃などの事実行為は、自治体が所有者あるいは（民法的な意味の）管理者として（当然に）行うべき事務であり、法律が（義務的に直接に）指示するのは、法律の根拠が必要な法律行為（許可制度やそれを担保する監督処分など）だけだ、ということなのであろう。ここでも、委託の一般原則がかかわっている。

　また、次のようにも理解することができる。

○　「管理を行わせる（「法律行為を含めて委託する」という意味）ことができる」という地方自治法244条の2第3項よりも、都市公園法の規定が優先する。これは、一般法（自治法）よりも特別法（各個別管理法）が優先するという法の一般原則による。ここでは、都市公園の管理に事実行為も含まれる。

○　よって、地方自治法の指定管理者制度の規定は、都市公園法によって一応は、事実行為も含めて、全面的に否定される。

○　しかし、そもそも、法律行為ではない事実行為については、法の根拠がなくても委託できる（委託の原則）。

○　したがって、占用許可などの法律行為（住民の権利義務の発生にかかわる事務）を除いた、受付、清掃、保守、警備などの事実行為を民間団体などに指定管理委託できる。

　通知とは違う説明に思えるかもしれないが、趣旨は同じである。

　なお、通知は「自らの収入としない利用料金の収受」を「④委託できる事実行為」の範疇としている。しかし、ここでいう利用料金が使用料を指すのであれば（おそらくそうであると思われる）、「金銭を受け取る（収受）だけなら、

法的な委託手続（自治法243、自治令158Ⅰ①）が必要な徴収にも収納にも該当しない」という極めて便宜的な見解を示していることになる。

「③利用料金の徴収」については、指定管理者自身の収入になるので、委託の対象ではないことは明らかである。指定管理者が自分の事務として行う。

また、「②条例上の使用許可（行為の許可）」、つまり、都市公園の設置条例における使用許可（有料公園への入場、イベントの実施などによる独占使用の許可）も法律行為であるが、都市公園法に基づく許可ではないので、都市公園法が地方自治法の特別法として機能せず、指定管理者制度によって民間団体に委託することができる。

〔都市公園法（個別管理法）、地方自治法、設置管理条例の優劣関係〕

・　指定管理者制度（自治法。委託できる）
　＜占用許可制度（都市公園法。自治体が行う）
　→都市公園法上の許可は委託できない。
・　指定管理者制度（自治法。委託できる）
　＞使用許可制度（条例。自治体が行う）
　→条例上の許可は委託できる。

以上を踏まえると、条例の規定は、次のようになる。

◎A市△△公園の設置及び管理に関する条例
　（指定管理者）
第6条　市長は、公園の設置の目的を効果的に達成するため必要があると認めるときは、公園の管理を指定管理者に行わせることができる。
　（指定管理者が行う業務）
第7条　指定管理者が行う都市公園などの管理の業務は、次のとおりとする。
　（1）都市公園などの維持管理に関すること。
　（2）都市公園などの使用又は利用の許可に関すること。

第6章　委託の原則

[**法的な原則・考え方についての理解**]

　法制度には、委託の一般原則などの「法的な考え方」が通底している。指定管理者制度が難解に思えるのは、制度自体が複雑なのではなく、法的な原則や考え方を理解していないことにあると考えられる。

第 2 部

実践編

第7章 指定管理者の法的な立場

　指定管理者制度の運用に当たっては、指定管理者が、住民や自治体に対しどのような権利を持ち、また、義務を負うのかということが常に課題となる。

　指定管理者の権利や義務は、公の施設の管理における指定管理者の法的な立場によって、確定される。

Ⅰ　まずは、制度を理解しよう！

1　法制度の成立の過程と法制度の理解

　法制度は、条文という形で創られ、かつ、存在している。しかし、制度の目的やそれを達成するための手段を、そのまま記述的に条文にしているわけではない。法制度は、法律学や行政法学において、あるべき権利や義務を実現するために、所与として存在している基本的な型（基本型）に従って創られている。基本型を踏まえなければ、新たな法制度を既存の法制度に適合させ、社会において有効に機能させることはできないからである。

　よって、新たな法制度を創る際には、以下の法的な過程が必要となる。

① その制度が属する分野を確認する（分野の確認）
② ①の分野に存在する法制度の基本型を確認する（基本型の確認）
③ ②の基本型から目的に適合したものを選択する（基本型の選択）
④ ③で選択した基本型に、必要に応じて特別な法的効果を付与、あるいは、削減する（基本型の修正）

　このことは、法制度を理解するためには、その法制度が成立した法的な過程（①～④）をひととおり確認する必要があることを意味している。制度を理解することは、根拠条文の文理的な意味を理解することではない。制度の

構造を知ることなのである。

2　指定管理者制度の成立の過程

① 指定管理者制度は、「委託」の分野に属する法制度である（前記1①）。
そこで、制度を理解するために、以下において、残る次の作業を行う。
② 委託における基本型を確認する（下記3）。
③ 制度の基本型が②のうちのどれであるのかを確認する（後記4）。
④ ③の基本型にどのような効果が付与されているのかを確認する（後記5）。

3　委託における基本型の確認〜委託の三類型〜

（1）自治体の事務執行のしくみ

自治体の事務（しごと）は、以下のしくみで行われている。
① 事務（権利義務）の主体……自治体
② 権限の主体……執行機関（長・委員会など）又は企業管理者（以下、単に「執行機関」）
③ 処理の主体……職員（補助機関）

自治体の事務を、執行機関の権限において、職員が処理している。

●**自治体の事務が行われるしくみ**

(2) 民間団体の事業実施のしくみ

民間団体（会社など）は、以下のしくみで事業を行っている。
① 事務（権利義務）の主体……団体
② 権限の主体……代表者
③ 処理の主体……従業員

団体の事業を、代表者の権限において、従業員が処理している。

● **民間団体の事業が行われるしくみ**

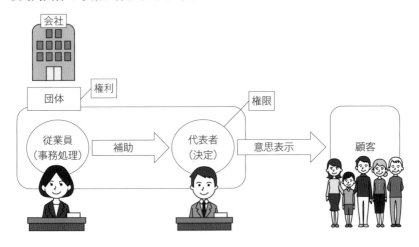

(3) 自治体事務の委託における三類型

自治体から事務を委託される（任される）民間団体は、「自治体」「執行機関」「職員」の三者のうちの誰かの法的立場（役割）を譲り受けることになる。

論理的には三者それぞれに、「立場を譲る」「立場を譲らない」の2択があり得るので、「2×2×2＝8」の8とおりの委託の組み合わせが考えられる。

しかし、自治体の地位が委譲されれば、当然、執行機関と職員の地位も、それぞれ、民間団体の代表者と従業員に委譲されなければならない。長や職員が民間団体に属して事務に当たることはあり得ないからである。

同じように、執行機関の地位が委譲されれば、職員の地位も従業員に委譲されることになる。

●委託における論理的な事務の執行パターン

	事務（権利義務）の主体	権限の主体	実務の主体
直営	自治体	執行機関（長・教委）	職員
1	自治体	執行機関（長・教委）	従業員
2	自治体	団体の代表者	職員
3	自治体	団体の代表者	従業員
4	団体	執行機関（長・教委）	職員
5	団体	執行機関（長・教委）	従業員
6	団体	団体の代表者	職員
7	団体	団体の代表者	従業員

　よって、自治体事務の委託は、当該事務の実施における受託者の法的地位によって、以下の三類型に分けられる。
A：自治体そのものの立場を委ねる場合
　……事務の委譲
B：執行機関の立場を委ねる場合
　……権限の委任
C：職員の立場を譲るに過ぎない場合
　……事実上の委託
　実際の受託者（民間団体）の法的な地位は、「自治体のしくみ」に対し、該当する委託類型（A、B、C）にしたがって、「民間団体のしくみ」を当てはめることによって明らかになる。受託者に譲られる役割、つまり、受託者の立場によって、受託者が持つこととなる権利義務の内容は違ってくる。
　これは、指定管理者制度の対象である公の施設の管理の事務についても同じである。そこで、仮定的に、各類型に指定管理者制度を当てはめると以下のようになる。

● 委託における法的な事務の執行パターン

	事務（権利義務）の主体	権限の主体	実務の主体
直営	自治体	執行機関（長・教委）	職員
C	自治体	執行機関（長・教委）	団体の従業員
B	自治体	団体の代表者	従業員
A	団体	団体の代表者	従業員

A：指定管理者制度が事務の委譲である場合

【自治体→指定管理者】

① 事務（権利義務）の主体……自治体→指定管理者
② 権限の主体……長、教育委員会又は企業管理者→代表者
③ 処理の主体……職員→従業員

● 事務の委譲

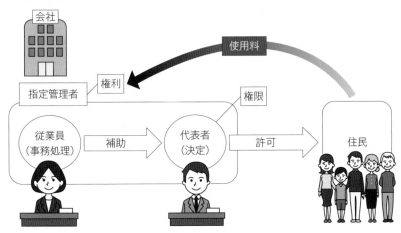

事務そのものが、自治体の手から離れ、指定管理者のものとなる。指定管理者が権利義務の主体となるので、施設利用の対価である使用料は指定管理者に帰属する。

B：指定管理者制度が権限の委任である場合
【長、教育委員会又は企業管理者→指定管理者】
① 事務（権利義務）の主体……自治体（のまま）
② 権限の主体……長、教育委員会又は企業管理者→代表者
③ 処理の主体……職員→従業員

●権限の委任

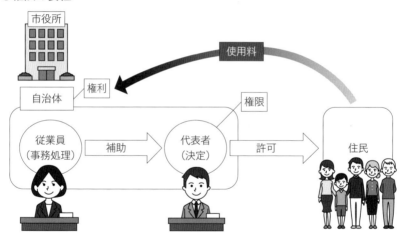

事務自体は、自治体が保有したままであり、指定管理者の代表者が、自治体の長、教育委員会又は企業管理者の代わりに、事務を執行する権限を持つ。指定管理者はあくまで自治体の機関の立場を持つに過ぎず、権利義務の主体ではないため、使用料は自治体に帰属する。

C：指定管理者制度が事実上の委託である場合

【職員→指定管理者】

① 事務（権利義務）の主体……自治体（のまま）
② 権限の主体……長、教育委員会又は企業管理者（のまま）
③ 処理の主体……職員→従業員

●事実上の委託

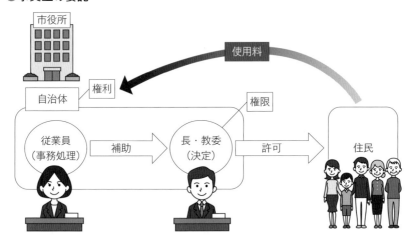

　事務自体は自治体が持ったままであり、また、事務を執行する権限も執行機関である長、教育委員会又は企業管理者が有している。自治体職員に代わって指定管理者の従業員が事務処理に当たる。許可書などには一切、指定管理者の名は表示されない。

●委託における法的な評価と根拠の要否

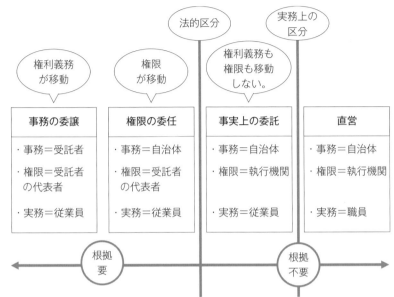

4　指定管理者制度の基本型の確認～権限の委任～

　指定管理者制度は、前記3のBパターンの「権限の委任」である。その理由としては、以下の二つが挙げられる。

理由1：指定管理者には施設の使用許可権限があること
　　指定管理者は使用許可権限を持つと解釈されていることから、Cの事実上の委託ではない。

理由2：指定管理者制度に利用料金制度が設けられていること
　　仮に、指定管理者制度がAの事務の委譲であるのならば、使用料は指定管理者のものとなるため、利用料金制度は必要ない。

●許可権限の所在からの推論

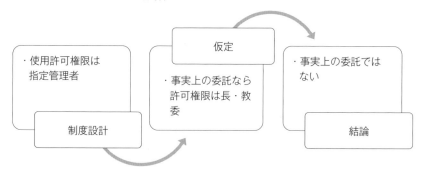

●利用料金制度からの推論

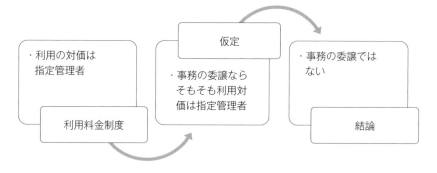

●法制度の理解とは?

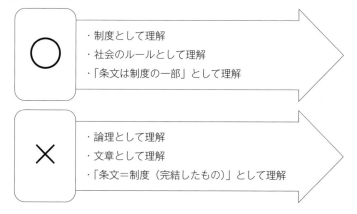

したがって、いわゆる「自主事業（イベントや物販であることが多い）」の実施による収入は、それが指定管理者の発意によるものであっても、また、その実施費用を指定管理者が負担する（委託料の算定基礎にされていないなど）ものであっても、指定管理者としての地位において行う限り、自治体に帰属する（公金である）ことになる。

5　指定管理者制度における特別な効果〜利用料金制度〜

利用料金制度（自治法244の2Ⅷ）は、指定管理者を、権利義務の主体に擬制した上で、施設の利用の対価を指定管理者に帰属させる特別のしくみである。

> ◎地方自治法
> 第244条の2
> 　8　普通地方公共団体は、適当と認めるときは、指定管理者にその管理する公の施設の利用に係る料金（次項において「利用料金」という。）を当該指定管理者の収入として収受させることができる。

利用料金は、指定管理者だけの判断ではなく、長の承認を得て条例の範囲内で定める。なお、教育委員会の管理に属する施設であっても、使用料の徴収権限は長にある（自治法149③）ため、利用料金の承認も長が行う。

指定管理者制度を採用しても、使用料は自治体の収入となる。これは、指定管理者制度のしくみが権限の委任であり、指定管理者が自治体の機関の立場に立つため、施設利用の対価を支払う住民に対して、権利義務の主体としての地位を持たないことからくる帰結である。

以上を踏まえると、条例の規定は、次のようになる。

> ◎○○施設の設置及び管理に関する条例
> 　（利用料金）
> 第2条　○○施設を利用しようとする者は、その利用に係る料金（以下「利用料金」という。）を指定管理者に支払わなければならない。

2　市長は、指定管理者に利用料金を当該指定管理者の収入として収受させるものとする。
3　利用料金の額は、別表に定める額の範囲内において、指定管理者が市長の承認を受けて定めるものとする。利用料金の額を変更しようとするときも、同様とする。

●使用料と利用料金との違い

委託の方式	法的効果	使用料	利用料金
指定管理者制度	収入の帰属	自治体	指定管理者
指定管理者制度	徴収権限	長（別途、徴収委託をした場合は、指定管理者）＊教育委員会にはない	指定管理者
業務委託	収入の帰属	自治体	―
業務委託	徴収権限	長（別途、徴収委託をした場合は、指定管理者）＊教育委員会にはない	―

6　自治体と指定管理者との関係

　自治体と指定管理者との関係は、自治体が委託料を支払って（あるいは利用料金を得る権利を与えて）公の施設の管理を行わせる委託（民法上の請負、委任又は準委任）契約の関係にある。
　指定という行政処分によって委託先が決定されるが、その本質は指定管理業務の実施の見返りに委託料や利用料金を得るという契約関係であると理解してかまわない。

7　指定管理者の法的地位（まとめ）〜課題解決の「公式」〜

　指定管理者は、以下の法的な立場を持つ。
①　自治体に対しては、委託契約関係に立つ。
②　住民に対しては、自治体の機関の地位に立つ。
　この「二つの法的立場」は指定管理者制度における法的な課題を解決するための「公式」であり、明確に理解しておかなければならない。

●指定管理者の法的地位

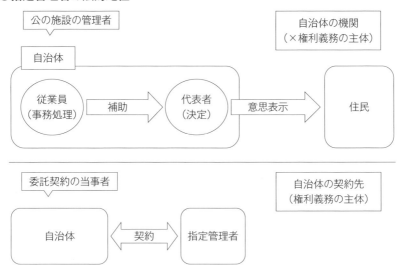

II 実務の改善のために

自治体事務の委託制度とその効果

　指定管理者制度に限らず、自治体の事務を委託した場合の効果は、すべて上記3（3）のA事務の委譲、B権限の委託、C事実上の委託のいずれかになる。各委託制度がどの類型に当てはまるかについては、
① 条文で委託の効果が明確かつ具体的に示されている場合
② 制度の趣旨や類似の制度又は条文の表現から導かれる場合
とがある。地方自治法上の委託制度である事務の代替執行（自治法252の16の2）と事務の委譲（自治法252の14）を例に挙げる。

◎地方自治法
　（事務の代替執行）
　第252条の16の2　普通地方公共団体は、他の普通地方公共団体の求めに応じて、協議により規約を定め、当該他の普通地方公共団体の事

> 務の一部を、当該他の普通地方公共団体又は当該他の普通地方公共団体の長若しくは同種の委員会若しくは委員の名において管理し及び執行すること（以下この条及び次条において「事務の代替執行」という。）ができる。
> （代替執行事務の管理及び執行の効力）
> 第252条の16の4　第252条の16の2の規定により普通地方公共団体が<u>他の普通地方公共団体又は他の普通地方公共団体の長若しくは同種の委員会若しくは委員の名において管理し及び執行した事務</u>の管理及び執行は、<u>当該他の普通地方公共団体の長又は同種の委員会若しくは委員が管理し及び執行したものとしての効力を有する</u>。
> （事務の委託）
> 第252条の14　普通地方公共団体は、協議により規約を定め、普通地方公共団体の事務の一部を、他の普通地方公共団体に委託して、当該他の普通地方公共団体の長又は同種の委員会若しくは委員をして管理し及び執行させることができる。

　どちらも自治体間の委託の根拠条文であるが、効果が異なる。代替執行は、①の例であり、委託しても事務の主体も権限の主体も移動しないことが明記されている。「当該他の普通地方公共団体」とは、受託した自治体ではなく委託した自治体を指す。これは、委託の三類型における「事実上の委託」である。

　ただし、法的な事務も含めた実際の事務執行上の判断を、権限の委任を伴わずに受託団体が行う点、具体的には、受託団体の機関が判断を行うにもかかわらず委託団体の機関の名を使い、実際の権限行使の主体と対外的に表示される責任者の名が分離している点において、民間団体に対する委託契約に基づく事実上の委託とは異なる。

　民間団体に対する事実上の委託においては、決定権（法的権限）は委託できない。仮に（それは違法ではあるが）、民間団体に判断を行わせているとしても、対外的には、あくまで自治体が行っている（行わせていない）という説明（建前の確保）がなされなければならない。

　ところが、この事務の代替執行制度は、「権限を渡さずに判断をさせる」

を公認したものである。委託や権限委任をはじめとした、行政組織法の原則的な考え方では、説明がつかない特殊な「制度」である。例えるならば、「法的二人羽織」である。実務上は、「○○町長（代替執行者××市長）」のように受託団体を示している例が多く、権限の代理に当たる制度として認識され、機能しているようである。

事務の委託は、②の例である。事務や権限の移動について明確な規定はないが、この場合は、事務の主体が委託先（受託自治体）となり、もはや、委託した団体の事務ではなくなる。委託の三類型における「事務の委譲」である。見出しのとおり、「（権限や処理ではなく）事務（そのもの）の委託」である。

●委託制度とその効果

	委託の類型	委託の効果		
		事務の主体	権限の主体	処理者
業務委託契約	事実上の委託	委託自治体	委託自治体（執行機関）	受託団体（従業員）
事務の代替執行（法252の16の2）	事実上の委託	委託自治体	委託自治体（執行機関）	受託自治体（職員）
事務の委託（法252の14）	事務の委譲	受託自治体	受託自治体（執行機関）	受託自治体（職員）
指定管理者制度（法244の2）	権限の委任	委託自治体	指定管理者（代表者）	指定管理者（従業員）

※法＝地方自治法

Ⅲ 復習とさらなる理解のために

法の正しい解釈に必要な自治体の主体性

〔指定管理者の立場についての専門家の議論〕

かなり以前、指定管理者制度と同じように行政処分の権限を委託する制度の基本型（前記Ⅰ3）について、法律の専門家の間で議論になったことがある。

A大学のX教授は、「権限の委任である」と、一方、B大学のY教授は、「事務の委譲である」と主張した。法曹関係者のZ氏の著書の記述にも、「権

限の委任であるとすると、説明が難しくなる部分がある」という趣旨のことが書かれている。

しかし、利用料金制度が設けられていることから考えると、少なくとも、指定管理者制度が事務の委譲でないことは明らかである。

〔指定管理者の立場についての国の通知〕

介護施設についての国の通知では、「利用料金制度を採用すれば、利用関係も指定管理者と住民との間に移行する」とされている。「権限の委任」である指定管理者制度に、利用料金制度を導入すれば、基本型自体が「事務の委譲」に変化する、というのはおかしな話である。

① 基本設計としては、権限の委任（利用関係は自治体と住民との間に発生）が最適である
② しかし、使用料は指定管理者の収入としたい（利用料金制度の導入）

というのが、指定管理者制度の趣旨である。

さらに通知では、住民との法律関係の主体が自治体から指定管理者へ移行する理由して、「介護報酬の収受の主体は施設であるから（施設の管理者が移行すれば法律関係も移行する）」との記述がある。「施設が権利義務の主体」という考え方は、法的ではない。権利義務の主体は、「自治体又は指定管理者」であるはずだ。

この結論について、同通知では介護保険法のしくみによる制度的なもの（固有のもの）であるとされているが、そうではなさそうである。通知における指定管理者の法的な地位や行政組織についての理解が、行政法における原則や考え方と異なることに起因していると考えられる。なお、同通知の趣旨は、末尾に「することとして差し支えない」とされているように、運用における便宜を図るものであるとも考えられることは付言しておく。

専門家の見解や国の通知が法的に正しいとは限らないし、仮に正しいとしても、正しい理由を理解できなければ、根拠にすることはできない。組織で共有できないし、住民への説明責任が果たせないからである。参考にしつつも、法の執行者（最終的な責任者）である自治体職員による主体的な選択と判断が大切である。

第8章　指定管理者に委託できない事務

指定管理者に委託できない事務

　公の施設の管理に関係する法律行為には、使用許可、使用料の徴収や減免、そして、目的外使用許可などがある。
　制度的には、これらのすべての法律行為を委託できるように設計することも、一応は、可能である。
　しかし、指定管理者が持つ法律行為の権限は、一部に限られている。

I　まずは、制度を理解しよう!

1　指定管理者に行わせることができない事務

　法律行為（行政処分）を委託するためには、法律の根拠が必要である。そこで、公の施設の使用許可を委託できるようにするため、地方自治法に指定管理者制度が設けられている（自治法244の2Ⅲ）。
　使用料や貸付料の徴収を指定管理者に行わせるには、指定とは別の手続が必要である。また、使用料や貸付料の減免、目的外使用許可及び貸付は、委託できる法的な根拠がないので、指定管理者に行わせることはできない。
　よって、公の施設の管理に関係する法律行為（行政処分）のうち、指定管理者に委託（委任）できる事務（権限）は以下のようになる。
・　指定管理者制度によって委託されるもの……使用許可
・　他の法制度によって委託ができるもの……使用料や貸付料の徴収
・　委託できないもの……使用料や貸付料の減免、目的外使用許可、貸付
　委託できない権限については、その委託できない趣旨を把握することによって、指定管理者の法的な立場や役割が明確になり、指定管理者制度の本質的な理解につながる。

2　使用料などの徴収（自治法243、自治令158Ⅰ①・③）

　指定管理者制度とは別の私人への徴収委託制度によらなければならない。教育委員会が所管する公の施設においても、委託するのは長である（自治法149②）。教育委員会に、使用料の徴収権限はない。

　なお、使用料を指定管理者の収入とする利用料金制度がある（自治法244の2Ⅷ）。導入には条例の定めが必要となる。ここでは、前提として、指定管理者に施設の管理を委託しても、施設の使用料は指定管理者の収入ではなく、自治体の収入となることについての理解が必要である。

　行政財産の目的外使用料及び貸付料も徴収委託はできる。

3　使用料などの減免（自治法96⑩・⑥）

　公の施設の使用料や行政財産の目的外使用料及び貸付料の減免については、議決又は条例によって決定すべき事項とされている。本来的に、長限りの判断ではなく議会による統制が必要な事項であり、委託対象とすべき（制度を設けるべき）ものではない。自治体の事務のうち、委託になじむのは、議決事項ではない執行機関のみで判断できる事項に限られる。

　さらに、減免の規定は「市長が適当と認めるとき」などと、概括的に規定されていることが多く、実態上も、そのまま指定管理者に読み替えることなどできようはずもない。

　減免の権限を指定管理者に委託（委任）できる制度を設けるためには、制度的・実態的な課題の検討・整理が必要であると考えられる。

4　目的外使用許可（自治法238の4Ⅶ）

　目的外使用許可は、指定管理者制度の対象である公の施設についての制度ではなく、庁舎にも共通する行政財産管理上の制度である。目的外使用の典型例である自販機の設置許可も、公の施設の使用許可ではなく、「行政財産の使用許可」として行われなければならない。

　目的外使用許可は、公の施設の使用許可とは異なり、特別の権利を設定する法律行為である。その意味でも、指定管理者へ委託すべき事項ではない。

〔使用許可と目的外使用許可との違い〕

- 公の施設の使用許可……法律学上の「許可」
  施設の設置目的に従って利用する権利を確認・調整する行為。
- 目的外使用許可……法律学上の「特許」
  施設の目的とは違う形態で利用する権利を新たに設定する行為。

5　庁舎の貸付（自治法238の4Ⅱ④）

委託できる法律の根拠は置かれていない。理由は、目的外使用許可と同様である。

行政財産のうち、組織整理などによって生じた庁舎の恒常的な空室が、対象として想定されている制度であり、公の施設に適用される場合は、ほぼ皆無であると考えられる。自販機の設置などは、あくまで、目的外使用許可によって行われるべきである。

Ⅱ　実務の改善のために

1　許可を委託できない公の施設（各個別法）

指定管理者制度によって委託しても、その設置・管理に関して個別の法律がある公の施設については、法律上の許可を委託することはできない。指定管理者制度の根拠である地方自治法（公の施設の管理における一般法）よりも、公営住宅法（住宅）、都市公園法（公園）、道路法（道路）などの法律（特別法）が優先されるからである。

〔劣後〕地方自治法……公の施設の管理を指定管理者へ委託できる。
〔優先〕個別管理法……許可者は自治体（長、教育委員会又は企業管理者）である。

この「地方自治法＜個別法」という優劣の関係は、それぞれの法律に具体的な規定（例：「この規定は地方自治法244条の2第3項に優先する」）があるわけではなく、地方自治法、個別法それぞれの趣旨や法の一般的な原則から導かれ、確立されているものである。

ただし、個別法が存在する公の施設であっても設置管理条例上の許可は、

個別法とは直接のかかわりがないので、指定管理者制度によって委託することができる。都市公園の例でいえば、都市公園法6条は地方自治法244条の2第3項に優先するので、同法における占用許可の権限は指定管理者には行わせることはできない。しかし、公園条例上の許可権限は行使させることができる。

> ◎都市公園法
> 　（都市公園の占用の許可）
> 第6条　都市公園に公園施設以外の工作物その他の物件又は施設を設けて都市公園を占用しようとするときは、公園管理者の許可を受けなければならない。

> ◎○○公園の設置及び管理に関する条例
> 　（使用又は利用の許可）
> 第7条　有料施設の使用又は利用をしようとする者は、あらかじめ市長（指定管理者に使用又は利用の許可を行わせる有料施設にあっては、指定管理者）の許可を受けなければならない。

●**個別管理法の有無と委託できる範囲（1）**

	指定管理委託できる範囲		例
	法律行為 （許可）	事実行為 （受付・案内、清掃、維持補修など）	
個別の管理法が ない場合	○	○	下記以外
個別の管理法が ある場合	× （条例上の許可は○）	○	公営住宅、都市公園、病院、学校、道路など

●個別管理法の有無と委託できる範囲（2）

2 市町村が指定管理者になることの適法性

　県の公の施設の管理を市町村に指定管理委託している例がある。市町村を指定管理者にする（できる）理由は、およそ考えられない。

　県が、「地元の施設なのだから、市町村が管理者として一番適切だ」と考えて市町村を指定している（市町村が指定を受けている）のなら、指定管理者制度の制度設計が理解されておらず、さらには、その施設を県立ではなく市町村立の施設にすべきであることを意味している。

　なお、市町村が都道府県から正当な委託料を受けていない場合は、事例ごとの検討は必要ではあるものの、その指定は違法であると考えられる（地方財政法28の2）。仮に、都道府県から市町村に公の施設の管理を委託するのなら、指定管理委託ではなく、事務の委託（自治法252の14）によることが適切である。

　事務の委託によって、都道府県（県）の公の施設の管理を市町村に委託した場合は、県の公の施設ではあるが、県は設置に関する条例を制定し、当該市町村が「管理条例」を制定し管理することになる。

Ⅲ　復習とさらなる理解のために

指定管理者の代表者は館長？

　X市の教育委員会では、少年センターの管理を指定管理者へ委託している。少年センターの使用許可書や対外的な文書は、「X市立少年センター館長A」

という名義で発行されている。「A」は指定管理者であるY団体が配置した少年センターの責任者の氏名である。

X市には、直営時に課長職の「少年センター館長」がいた。指定管理者に委託したので、そのまま指定管理者の責任者を「館長」に置き換えた。これを、みなさんはどう考えるだろうか。

「少年センター館長」は、X市の職名である。単に一般論としての、少年センターの「管理者」とか「責任者」という意味ではない。「課税課長」と同じで、組織的な意味を持っている。

館長は、X市において、単に少年センターの管理を行う職責だけを担っているわけではない。教育分野の管理職として位置付けられている。いわゆる「施設管理の責任者」にとどまる存在ではないのである。同センターを、X市の行政の中でどう運営していくかという、X市の管理職としての役割を担っている。いわば、「少年センター担当課長」なのである。むしろ、「館長」としての役割よりも、「X市の管理職の一人としての役割」の方が、大きく重い。その意味では、施設にとっては外在的な存在であるともいえる。

よって、Aが形式的にも、実質的にも、「館長」になれるはずもない。

指定管理者に委託した場合に、その責任者が、当然に組織における公の施設の長の地位にとって代わると理解しているとしたら、X市の職員が抱えている課題は、指定管理者制度の適切な運用までの道程の、かなりはじめの場所にあると思われる。彼らがそこに留まっている原因は、行政組織という自治体法務の基本的なしくみを理解していないことにある。

一定の整理をした上で、あくまで、便宜上、「館長A」を使用させることはあり得るのかもしれない。しかし、何らかの形で、X市ではなく、その委託を受けた指定管理者が管理していることは、表記しなければならない。

A氏は、直営時の館長とは違って、センターの管理を請け負った団体の責任者である。許可書などの名義は、「X市立少年センター指定管理者○○株式会社代表者××」（××は指定管理者の代表者）のようになると考えられる。A氏は、指定管理者である○○株式会社において、少年センターの許可などにおける内部決裁権を与えられているにすぎず、許可を行うための権限は持たない。

一つの通知文からも、その自治体の職員が自らの事務を理解・自覚しているかどうかが明確に表れる。個別具体の法令や条例（○○法第××条）の理解よりも基本的ではあるが、しかし、本質的な法務能力が問われる場面でもある。

X市の少年センターの担当者や指定管理者は、自分が何を委託し、何を受託しているのかが分かっていないのである。

〔指定管理者による行政指導と行政手続〕

指定管理者は、自治体から委託を受けて自治体の事務を担当する。よって、指定管理者が住民に対して行う行政処分や行政指導についても、自治体が直接行うものと同様に、行政手続条例の対象とすべきである。

しかし、ほとんどの自治体においては、指定管理者が行う行政指導（に該当する行為）に行政手続条例は適用されない。

その原因は、行政手続条例における行政指導の定義にある。行政処分の定義は「行政庁の処分」なので、使用許可の行政庁である指定管理者も該当する。しかし、行政指導は、「自治体の機関」が対象であるため、何らかの改正をしない限り、指定管理者には適用されないのである。

◎A市行政手続条例
（３）　処分　条例等に基づく行政庁の処分その他公権力の行使に当たる行為をいう。
（６）　市の機関　本市の執行機関若しくはこれらに置かれる機関（＊局部課）又はこれらの機関の職員であって法令により独立に権限を行使することを認められた職員（＊独立職員）をいう。
（７）　行政指導　市の機関がその任務又は所掌事務の範囲内において一定の行政目的を実現するため特定の者に一定の作為又は不作為を求める指導、勧告、助言その他の行為であって行政庁の処分その他公権力の行使に当たる行為に該当しないものをいう。

〔単純に「指定管理者」を加えると？〕

　行政手続条例における「市の機関」の「機関」とは、講学上の「行政機関」を意味する。「行政機関」とは、行政の作用を説明するための概念である。「権限の単位」と「事務（しごと）の単位」の二つの捉え方がある。
・　権限の単位（職）……例：長（執行機関）―部長―課長―係長―職員
・　事務の単位（組織）……例：部―課―係―職員

　法令においては、この概念上の行政機関が具体化されて、それぞれ「○○機関」と規定される。行政手続条例における行政指導の主体は、「執行機関」「独立職員」（権限の単位）と「局部課」（事務の単位）である。

　「市の機関」を「市の機関及び指定管理者」とする改正を行っている自治体がある（前記6号の改正）。しかし、指定管理者という団体の中の誰が行政指導の主体であり、それが自治体の行政機関のしくみにおける何に相当しているのかが分からない。この改正は単に論理的なものであり法的ではない。

〔行政指導の主体における組織的擬制〕

　行政指導には法的な効力がないので、独立職員以外の職員（一般職員）も行うことができる。にもかかわらず、行政手続条例では、一般職員は行政指導の主体とはされていない。代わって、局部課という組織が主体である。

　一般職員は、執行機関や独立職員とは違って法的な権限を持たないので、所属する局部課について定められた組織例規（部課設置条例など）における担当事務の範囲で、行政指導を行うことになる（行政手続法32Ⅰ、各行政手続条例）。そこで、「局部課が行政指導を行う」という、行政指導の観念化や主体の擬制化（組織的擬制）がなされていると客観的には評価される。

〔指定管理者が行う行政指導の主体〕

　指定管理者には、自治体の組織例規は適用されない。従業員の行為に一般職員にするような組織的な擬制を施すことはできない。よって、指定管理者による行政指導を統制するには、行政指導の実態に合わせて、指定管理者（団体）の代表者や従業員を行政指導の主体として捉える「指定管理者に属

する者」という意味の規定を設けることが最も適当である。

　しかし、行政手続条例では、「組織的擬制」によって、一般職員は行政指導の主体とはなっていない。指定管理者の従業員だけ行政指導の主体としたのでは、両者の平仄が合わなくなってしまう。

〔法律の写し間違い？〕

　ここで、多くの自治体が参考にしている行政手続法の定義を確認してみる。

> ◎行政手続法
> 第2条
> 　（5）　行政機関
> 　　イ　法律によって内閣に置かれる機関（略）又はこれらの機関の職員であって法令により独立に権限を行使することを認められた職員
> 　　ロ　地方公共団体の機関（議会を除く）

　ロは、自治体の行政機関の定義であり、要するに「あなたの自治体の行政機関」という意味である。地方自治法における「○○機関」や組織例規における「局部課（組織）」が、その具体的な内容である。同法の「補助機関」である一般職員も含まれる。

　イ（国）に倣って、行政指導の主体となる行政機関を具体化する過程で、自らの行政機関を拾い損ねた結果、一般職員が、行政指導の主体から外れてしまったと考えられる。「これらに置かれる機関」に、職員が含まれるとしている自治体もある。しかし、そうであるのなら、独立職員を主体にする必要がなくなる。そもそも、国の省庁は事務の単位であり、自治体の執行機関は権限の単位である。補助機関は、執行機関ではなく自治体に置かれる。

　「組織的擬制」は存在しなかったことになる。そこにあったのは、行政組織についての理解不足が招いた単なる「法律の写し間違い」であったのだ。

第9章 指定管理者制度と業務委託契約との違い

指定管理者制度ができた現在でも、公の施設の管理において、業務委託契約という委託方法が意味を失ったわけではない。

法律行為（使用許可）を委託しない場合は、業務委託契約によって委託することができる。施設の設置形態や管理を委託する事務の内容によって、両者を使い分けることになる。

Ⅰ まずは、制度を理解しよう!

指定管理者制度と業務委託契約との対比

使用許可の事務（権限）を委託（委任）できるのが、指定管理者制度の効果である。使用許可などの法律行為は、法律の根拠がなければ委託（委任）できないからである。

よって、公の施設の管理において、
① 業務委託契約で委託（使用許可権限は委託できない）した場合
② 指定管理者制度による委託を行った場合
の委託の内容は、それぞれ以下のようになる。

なお、いずれの場合も使用料の徴収は、別の手続で委託が可能である（自治法243、自治令158Ⅰ①）

（1）業務委託契約で公の施設の管理を委託した場合
Ⅰ　物的管理……施設の清掃、補修、点検など
Ⅱ　人的管理……受付、案内、講座・イベントの実施など
　　　　　　　　→受託者が実施
Ⅲ　法的管理……使用許可、使用料の徴収・減免、目的外使用許可、貸付

　　　　　　　　　→自治体が実施（委託できない）

（2）指定管理者制度で公の施設の管理を委託した場合
Ⅰ　物的管理……施設の清掃、補修、点検など
Ⅱ　人的管理……受付、案内、講座・イベントの実施など
Ⅲ　法的管理……使用許可、利用料金の徴収・減免[*1]
　　　　　　→受託者（指定管理者）が実施
　　　　……使用料の徴収・減免[*2]、目的外使用許可、貸付
　　　　　　→自治体が実施
＊1、＊2はどちらか一方を徴収する。

Ⅱ　実務の改善のために

1　指定管理者制度と業務委託との使い分け

（1）指定管理者制度の趣旨

　指定管理者制度の趣旨は、法律行為である使用許可の委託を可能にすることにある。よって、使用許可の権限を委託しない場合には、その施設の管理事務を包括的に委託する場合（ここでは、「包括業務委託」という）であっても、業務委託契約によるべきである。

　その意味で、「業務委託の受託者には『管理権限』がないが、指定管理者には『管理権限』がある」といわれることがある。ここでいう「管理権限」とは、公の施設の利用に関する許可（行政処分）、あるいは、許可を含む管理事務全体についての権限を指していると考えられる。

（2）個別管理法による委託の範囲の制約

　しかし、公園、公営住宅、学校などの個別管理法によって、「管理者は地方公共団体（市町村や都道府県）とする」と規定（管理者の固定）されている場合は、指定管理者制度を導入しても、「Ⅲ　法的管理」（許可など）の事務を委託することはできない。

> ◎都市公園法
>   （都市公園の管理）
>   第2条の3　都市公園の管理は、地方公共団体の設置に係る都市公園にあつては当該地方公共団体が、国の設置に係る都市公園にあつては国土交通大臣が行う。

　指定管理者制度の根拠である地方自治法の「委託できる（行わせることができる。自治法244の2Ⅲ）」という規定よりも、個別管理法の規定が優先されるからである。これは、いわゆる特別法（個別管理法）と一般法（自治法）との関係であり、都市公園法などの個別管理法の側に、「指定管理者制度を適用除外する」という旨の規定が置かれているわけでも、また、地方自治法において「○○法の管理には適用しない」という規定があるわけでもない。

　なお、都市公園法などの個別管理法が存在する場合であっても、条例上の許可は指定管理者に委託（委任）できる。個別管理法上の行政処分ではないからである。

　また、指定管理者制度を導入した際の国の通知においては、個別管理法がある場合には、制度の対象外とする旨が明記されている（平成15年7月17日総行行第87号）。

　この通知の意味は、
① 　上記の趣旨と同じく、委託における個別管理法による制約を受けて、法律上の使用許可を委託できない場合は、制度趣旨にそぐわないので、指定管理者制度の対象外とする。
② 　個別管理法における管理者の固定が優先するので、そもそも指定管理者制度の対象とならない。
のいずれかであると考えられる。

（3）制度趣旨における使い分け

　よって、制度の趣旨における指定管理者制度と業務委託契約との使い分けは、本来は、以下のようにすべきである。

〔指定管理者制度の趣旨における**委託の区分**〕

【業務委託方式】
① 個別の管理法で管理者が固定されている施設を委託する場合
　例：公営住宅、公立学校、都市公園、
② ①の管理者の固定はないが、政策的に使用許可を委託しない場合

【指定管理者制度】
③ ①及び②以外の場合

●指定管理者制度と業務委託方式との区別（本来のすみ分け）
〔包括業務委託≠指定管理者制度〕

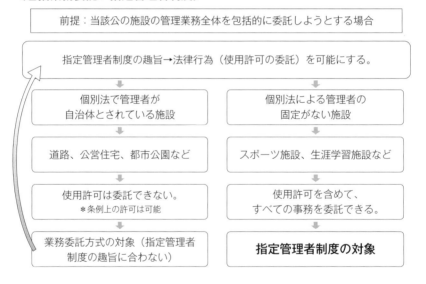

（4）運用における使い分け
　しかし、指定管理者制度の運用についての各省庁からの通知類においては、個別管理法によって管理者の固定がある場合、つまり、業務委託に拠るべき場合であっても、指定管理者制度の対象とすることができるとされている（平成16年3月31日国住総第193号ほか）。自治体もこれらの通知に従っているのが現状である。包括業務委託に相当する範囲の委託については、指定管理

者制度と業務委託とのどちらでも可能になってしまっているのである。

さらには、個別管理法による法的規制（管理者の固定）がない場合でも、政策的に法的管理の事務を除いて、指定管理者制度によって委託することも可能であるとされている。

この運用が、指定管理者制度の趣旨を損ね、制度の理解と運用を著しく困難にしている。本来、定性的であったはずの指定管理者制度と業務委託との違いが、定量的なものに変化させられている。指定管理者制度が、包括業務委託制度になってしまっているのが実態なのである。

指定管理者制度の趣旨である「民間団体による主体的な管理」の実現には、使用許可権限は欠くことができないものである。利用者を決定できない者を「管理者」と呼べるはずもない。よって、本来は、使用許可の権限を行わせない場合は、業務委託契約で委託すべきである。

〔指定管理者制度の運用実態による委託の区分〕

使用許可の事務を委託するかどうかにかかわらず、指定管理者制度を導入することができる。

● 指定管理者制度と業務委託方式との区別（運用の実態）
〔包括業務委託＝指定管理者制度〕

前提：当該公の施設の管理業務全体を包括的に委託しようとする場合

指定管理者制度の趣旨→法律行為（使用許可の委託）を可能にする。

個別法で管理者が自治体とされている施設	個別法による管理者の限定がない施設
道路、公営住宅、都市公園など	スポーツ施設、生涯学習施設
使用許可は委託できない。 ＊条例上の許可は可能	使用許可を含めて、すべての事務を委託できる。
それでも、指定管理者制度の対象（実務上の要請？制度の無理解？）	**指定管理者制度の対象**

（5）指定管理者制度と業務委託契約との使い分け（まとめ）

　ここでは、定着している運用実態に従って、指定管理者制度と業務委託契約との使い分けを示す。指定管理者制度の趣旨からは疑問であるが、違法ではないので、実務においては、これを参考にされたい。
① 個別管理法の許可があり、条例上の許可もある施設
　→条例上の許可と事実行為（Ⅰ1（1）の物的管理及び人的管理）を指定管理者に委託する。
② 個別管理法の許可があり、条例上の許可がない施設
　→事実行為だけを、指定管理者に委託又は業務委託する。
③ 個別管理法の許可がなく、条例上の許可がある施設
　→管理全般を、指定管理者に委託する。
④ 個別管理法の許可がなく、条例上の許可もない施設
　→管理全般を、指定管理者に委託又は業務委託する。

　公の施設の管理を全面的に委託する場合、①と③については指定管理者制度を採用することになるが、②と④の場合、指定管理者制度、業務委託（契約）のどちらも可能であり、委託できる業務の範囲も同じである。制度的には、行政処分以外の事務（事実行為）だけを委託する場合には、業務委託契約によることもできるからである。

　よって、②や④のような公の施設（②には公営住宅、④には図書館などが該当する）については、法的に、業務委託か指定管理委託かという委託方法に

●業務委託と指定管理者制度の対象

		公の施設の管理の事務	
		法律行為（許可）	事実行為（許可以外の事務）
業務委託		×	○
指定管理者制度	個別管理法がある場合	×	○
	個別管理法がない場合	○	○

ついての結論は用意されていない。また、①と③の場合においても、あえて、条例上の許可権限を委託せずに事実行為だけを委託することも制度上は可能であり、その場合は、②や④の場合と同じように指定管理委託も業務委託もできる。

●委託方法と委託できる範囲

	法律の根拠がなければ委託できない	法律の根拠がなくても委託できる
物的管理	×	○
人的管理	×	○
法的な管理	○	×

		指定管理者制度	業務委託(契約)
物的管理	清掃、補修等	○	○
人的管理	受付・案内等	○	○
法的な管理	使用許可	○	×
	使用料の徴収	別途、徴収委託が必要	
	使用料の減免	×（委託できる根拠なし）	
	利用料金の徴収・減免	指定管理者自身の行為	—（制度なし）
	目的外使用許可	×（委託できる根拠なし）	

（6）業務委託との使い分けにおける方針の必要性

しかし、何の基準もなく契約したり、指定（行政処分）したりしていたのでは恣意的な委託を行っていることになる（一種の入札逃れ）。

よって、法的にはどちらも可能であることを踏まえた上で、②や④の施設や①や③において許可権限を除いて委託する場合については、以下の２つのうち、いずれかの方針をもっておく必要がある。

ア　指定管理一本化方針

結論：許可などの法律行為を委託できない（しない）場合も、施設の管理を包括的に委託する場合は、指定管理者制度を採用する。

説明：「公の施設の管理を全体的に委託する場合は、すべて業務委託ではなく指定管理委託します。ただし、個別管理法がある場合には許可権限は委託できないので（この施設については許可権限を委託しないので）、清掃、警備、申請書の受付などの事実行為だけを指定管理者が行うことになります」

イ　指定管理・業務委託分離方針
結論：許可などの法律行為を委託できない（しない）場合は業務委託する。
説明：「個別管理法がある（許可権限を委託しない）場合は、業務委託します。個別管理法がある場合には許可権限は委託できないので（この施設については許可権限を委託しないので）、指定管理委託でも業務委託でも清掃、警備、申請書の受付などの事実行為だけを指定管理者が行うことになり、効果は同じだからです」

　大切なのは、事実行為については、指定管理者制度が導入される前から業務委託、つまり、法制度に基づかない一般的な契約によって委託できたのであり、従来から委託されてきたのだ、という理解をしっかりと持っておくことである。

2　法的管理を委託しない場合の議案審議

　指定管理者制度においては、入札手続が必要である。そこで、価格的な競争力のない特定の団体に委託するための手段として、指定管理者制度が濫用されていると考えられる例も見られる。
　指定管理者の指定の議案においては、「業務委託方式で委託できるのに、なぜ、指定管理者制度を導入するのか」について審議される必要がある。

3　複合施設における指定管理者制度の運用

　同一の建築物内に複数の公の施設（A、B、C）が設置されている場合は、すべての施設の物的管理（建物のメンテナンス）を、Aの指定管理者にまとめて委託することが考えられる。
　その場合、B施設及びC施設の指定管理者は、物的管理の事務を委託され

ないことになる。また、業務委託を組み合わせることもできる。

　各図のうち、(1)はB施設及びC施設の指定管理者が複数存在することになる。(3)はA施設における指定管理者Aの立場や自治体との関係が複雑になる。よって、複合施設においては(2)の方法が最も適当であると考えられる。人的管理（受付・案内など）についても、同様の方法が可能であるが、実際の必要性は少ない。

●複合施設における委託の例（1）

	Ⅰ物的管理	Ⅱ人的管理	Ⅲ法的管理
A施設	指定管理者A		
B施設	指定管理者A	指定管理者B	
C施設	指定管理者A	指定管理者C	

＊　AをA施設の指定管理者並びにB施設及びC施設のⅠ物的管理の事務のみを行う指定管理者に指定する。

●複合施設における委託の例（2）

	Ⅰ物的管理	Ⅱ人的管理	Ⅲ法的管理
A施設	指定管理者A		
B施設	業務委託A	指定管理者B	
C施設	業務委託A	指定管理者C	

＊　AをA施設の指定管理者に指定し、AとB施設及びC施設のⅠ物的管理の事務についての業務委託契約を結ぶ。

●複合施設における委託の例（3）

	Ⅰ物的管理	Ⅱ人的管理	Ⅲ法的管理
A施設	業務委託A	指定管理者A	
B施設	業務委託A	指定管理者B	
C施設	業務委託A	指定管理者C	

＊　AをA施設のⅠ物的管理の事務を除いた指定管理者に指定し、AとA施設、B施設及びC施設のⅠ物的管理についての業務委託契約を結ぶ。

4　組織としての公の施設の存在

　自治体が公の施設を職員の配置によって管理（直営）あるいは、業務委託している場合、その公の施設における職員体制は、自治体組織の一部である。通常は課あるいは係に位置付けられる。公の施設とそこに置かれている課（係）は別の存在である。

　よって、部（課）設置条例や組織規則において、直営している公の施設を課（係）として位置付けておかなければならない。

　公の施設の設置管理条例があれば、組織規則などは不要であると誤解している自治体も見られる。指定管理者制度を採用した施設においては、職員がいなくなるので、課（係）としての公の施設を組織規則などから削除することとなる。

Ⅲ　復習とさらなる理解のために

「管理権限」と「指定」はお化け？

　今から、「お化け」の話をしたい。心は明るく、部屋は暗くして読んでほしい。

　指定管理者制度は、公の施設の管理を民間団体などに委託するための法制度である。委託の中の一つの方式である。にもかかわらず、平成15年に制度が導入された当時は、「指定管理者制度は業務委託とは全く異なる特別な制度である」という誤解が拡がっていた。

　その原因は、二匹のお化け、「管理権限」と「指定」に化かされたからである。

〔「管理権限」〕

　「指定管理者は管理権限を持っている」といわれる。解説書の類においても、「管理権限の有無」が指定管理者と業務委託の受託者との違いであるとされている。

　業務委託契約では委託できず、指定管理制度で委託できるものは使用許可だけである。そうすると、「管理権限」とは、施設の使用許可の権限を指し

ていることになるはずである。

　しかし、都市公園や公営住宅のように、個別の管理法で管理者が自治体であると決められている場合、指定管理者は許可権限を持つことはできない。公営住宅の指定管理者には、住宅の使用許可（入居決定）の権限はない。

　よって、「指定管理者は管理権限を持つ」という意味での「管理権限」には、明確な定義を与えることはできない。「管理権限」に確定的な意味はなく、「指定管理者には管理権限があり、業務委託の受託者には管理権限がない」という定式は成立しない。管理権限の有無は指定管理者ごとに判断されることになる。「管理権限」は、実体のないもの、つまりは、「お化け」である。

〔管理権限が化けた理由〕

　「管理権限」は、生まれたときは、お化けではなかった。

　指定管理者制度の趣旨からすれば、公営住宅のように、個別の法律があって使用許可の権限を委託できない公の施設については、指定管理者制度の対象からは外すべきなのである。そうすれば、「管理権限＝使用許可の権限（指定管理者は必ず許可権限を持っている）」となり、「管理権限」も実体を帯びる。

　しかし、指定管理者制度が創られたときに、次のようなやりとりがあったと推測される。

関係者：「○○施設は、指定管理者制度の対象にならないのか」

当　局：「なりません」

関係者：「おかしい！関連業者の受注機会が拡がらないではないか」

当　局：「○○については、○○法によって、管理者が自治体に固定されています。ですから、指定管理者制度の対象にしても、許可権限は委託できないので、民間に委託できる内容は、現在の業務委託契約と変わりません」

関係者：「そんなことはない。とにかく、今度できる指定管理者制度とやらを導入すれば、委託が進むはずだ。『管理権限』とか『指定』とか、（何のことだかよくは分からないが）みんなが言っているじゃないか。業務委託とは全然、違うはずだ。絶対に制度の対象にしてほしい」

当　局：「ですから……（もう、説明しても無駄だ。しかたない。○○も指定管理者制度の対象にしよう）」

第9章　指定管理者制度と業務委託契約との違い

〔指定〕

　指定管理者制度は、業務委託とは全く違うものだと考える理由として「指定」の存在がある。指定管理者制度において、受託者を決定する方法は、「指定」である。確かに、業務委託契約とは違う。しかし、これは、委託契約の相手方の決定を契約の締結ではなく、議会の議決を経た指定という行政処分で行っているだけである。いわば、「指定で委託している」のである。

　よって、指定の存在が、指定管理者制度と業務委託契約を本質的に分けることにはならない。指定は実在するが、制度の関係者を惑わしている。これも、制度的な「お化け」である。

〔指定が化けた理由〕

　指定も、生来のお化けではない。

　指定管理者が不適当な管理を行った場合に、住民の利用を確保するために、「契約違反で提訴（裁判所を頼る）」ではなく、「指定取消（自力で契約解除）」できることを担保しておくため、あえて指定で契約関係を設定している。

　契約は一方的には解除できないが、行政処分は自治体の判断で取り消すことができる。「委託」という枠の中で、技術的な理由で契約ではなく指定が採用されただけなのである。

　行政法についての一般的な知識があれば、指定で委託することに何らの特別感や例外感も持たなかったはずだ。行政法や地方自治法についての不見識が「指定」をお化けにしてしまった。

〔お化けを生み出す人たち〕

　ここで、反省すべきなのは、お化けを発生させた原因の多くが、専門家や研究者と呼ばれている人たちにあると思われることである。当時、研究者の一部が、指定管理者制度は今までにはない独特のしくみであるとアナウンスしていた、要するに煽っていたのである。その根拠は、明確ではないが……。

　指定管理者制度に限らず、研究者は、自分が関わっている制度が閉鎖された固有の価値を持っていると思い込みがちである。それは、職業的な事情に

よる。「他とは違う」と考え、独自性をアピールすることによって、自己の確立を図り、併せて、その制度の背景や前提となっている、より一般的な制度、原則、原理についての見識不足を補おうとするからである。

指定管理者制度においては、いわゆる「協働」の研究者が、官民の連携を推進する契機として、期待的に捉えていた（期待しすぎていた、根拠のない期待を持っていた）という事情も存在する。

指定管理者制度のような法制度は、人権論、法学一般、行政法、地方自治法についてのしっかりとした理解の上に立ってはじめて、責任ある見解を示すことができる。これらの見識を持たずに、制度について、政策学的（功利的）視点に偏したアプローチをかける手法・手段もあるようだ。しかし、それは、必ず破綻する。その証左が指定管理者制度における「お化け」の存在である。

「専門家」の話を参考にする時には、お化けを生む「政策学的なバイアス」の存在を見抜くようにされたい。また、現場にいる自治体職員のほうが、専門家や研究者よりも本質的で総体的な理解を持っていることも、自覚してみてほしい。

指定管理者制度で得た教訓を生かして、新しい法制度ができたときには、もう、「法的なお化け」には化かされない、正確にいえば、「お化けに化かされている人に化かされない」よう、気を確かに持たなければならない。

● 「管理権限」と「指定」は「お化け」

第10章 指定管理者が行う事業の区分（自主事業の実施）

指定管理者が行う事業の区分（自主事業の実施）

指定管理者が公の施設において行う事業は、
- 指定管理者として行うもの……管理行為
- 指定管理者ではなく一団体として行うもの……利用行為

に分けられる。指定管理者の事業は、管理行為として行うか、利用行為として行うかによって、必要な手続や収入の帰属が異なる。

I　まずは、制度を理解しよう！

1　事業の実施方法と必要な手続

指定管理者が公の施設において行う事業は、次の２つに分けられる。
- 指定管理者として行う事業……管理行為
- 指定管理者ではなく一民間団体の行為として行う事業……利用行為

管理行為の場合は、施設の管理者として行うので、自治体や指定管理者自らの許可（目的外使用許可・使用許可）の手続や使用料の支払いは不要である。

利用行為は、指定管理者という立場を離れて、利用者として行うものである。よって、管理者（指定管理者自身）からの許可、あるいは、長、教育委員会又は企業管理者からの目的外使用許可（自治法238の４Ⅶ）を受け、さらに、自治体に使用料を支払って実施しなければならない（利用料金の場合は、自らの収入となるので支払いは不要）。

事業の性質によって、いずれかの手続を選択することとなるが、内容的にはどちらでも実施が可能な事業も多い。

2　事業収入の帰属

使用許可又は目的外使用許可を得ずに、管理行為として事業を行う際は、

指定管理者は自治体の機関の立場に立つ。したがって、事業によって得た収入は自治体に帰属する。指定管理者が自らの発案で事業を実施しても、それによる収入（利益だけではなく、総売上）は自治体の収入になるのである。

事業による収入を指定管理者のものにするためには、許可又は目的外使用許可を受けて、指定管理者ではない民間団体（利用者）の利用行為として行う必要がある。一部の自治体では、許可や目的外使用許可の手続を経ずに管理行為として事業を行わせ、その収入を指定管理者に帰属させるという違法な制度運用を行っている。

指定管理者が許可を受けずに行った事業による収入は、
・ その事業を「自主事業」と呼称しているかどうか
・ その事業が協定書に記載されたものであるかどうか
・ その事業の実施費用を指定管理者が負担しているかどうか
にかかわらず、すべて公金であることについての理解が必要である。

●自主事業における収入の帰属

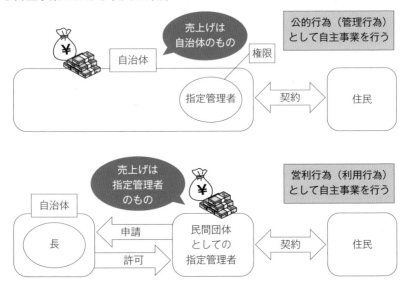

●指定管理者の行為と手続・効果

	必要な手続		法的な効果	
	使用許可手続	使用料の支払	収入の帰属	賠償責任
指定管理者としての行為	不要	不要	自治体	自治体（最終的には指定管理者）
利用者としての行為	要	要	指定管理者	指定管理者

3 「自主事業」の意味

　指定管理者が管理している公の施設では、イベントの実施や物販などの指定管理者のスキルや発案で行っている事業、いわゆる、「自主事業」が実施されている。

　「自主事業」は実務において定着している言葉ではあるが、制度上の用語ではなく、当然、定義も持たない。「自主事業」という制度はない。もっと端的にいえば、「自主事業」という種類の事業は存在しない。

　使用許可や維持補修などの、公の施設の管理における基本的な事業については、自主事業ではないという共通理解は存在するようである。しかし、基本的な事業以外の事業のうち、どの部分が自主事業に当たるのかについては、実務上においても、共通の認識は存在しない。

4　自主事業と手続・収入の関係

① 　事業が自主事業であるかどうか（と呼ばれているかどうか）
② 　事業が協定内のものであるかどうか
③ 　事業の実施に許可手続や使用料の支払いが必要かどうか（管理行為か利用行為か）

　①、②、③は相互に無関係である。自主事業と呼ばれていても、協定上の事業であっても、許可手続や使用料の支払いを経ずに行った事業は、法的には管理行為である。その事業による収入は、自治体に帰属する。指定管理者のものにはならない。

[あるべき自主事業の定義]

　把握すべき課題は、その「自主事業（と呼ばれている事業。勝手にそう呼んでいる事業）」を、どの形態で行うか、つまり、「管理行為として実施するか利用行為として実施するか」である。

　よって、実務における混乱を避けるため、自主事業とは（その言葉をあえて使うのならば）、とりあえず、「指定管理者が、その管理する公の施設において、自治体から許可又は目的外使用許可を得て行う事業」、つまり、「指定管理者ではない立場において行う事業」と整理しておくのが適当である。

II　実務の改善のために

1　指定管理者による無償・優先（独占）利用は違法

　直売所や道の駅などで、その施設の主な利用者である地元の生産者団体などを、指定管理者に指定している例が多く見られる。

　その際、指定管理者である生産者団体は、公の施設である直売所の管理者（指定管理者）として、自治体に代わって直売所の管理を行う立場にある。利用者のために直売所などを管理しなければならず、自らの利益を図ることはできない。

　指定管理者が直売所で自らが生産した農産物などを販売する場合は、管理者としてではなく利用者として、他の利用者と同様の手続が必要となる。具体的には、使用申請を行い、使用料を支払わなければならない。他の利用者よりも優先的に使用することや、指定管理者だけが特別の基準で使用料の減免を受けることも、当然、違法である。

　にもかかわらず、一部の自治体では、指定管理者において、管理と利用との区別がついておらず、いわば、「泥縄管理」ないしは「管利」と呼ぶべき状態が継続している。当該生産者団体に加入していなければ、施設を使用させないという甚だしい例もある。

　管理者としての自覚を持たせることは、指定管理者制度の運用において最も基本的あり、一方で、最も困難な事柄の一つである。

2 レストランや軽食コーナーの設置・運営

　道の駅や物産館において、レストランや軽食コーナーなどの飲食提供施設を設置し、その運営を指定管理者に行わせている例も少なくない。その方法は三つある。
① 　管理行為として行わせる
② 　使用許可によって行わせる
③ 　目的外使用許可を与えて行わせる

　①には、法的な課題はないが、売上が指定管理者のものにならない。②は、レストランなどの飲食施設は、ほとんどの場合1か所（あるいは少数）しかないため、ほかに利用希望者があった場合には、指定管理者に優先的に許可を行うことが困難になる。「指定管理者だから、こちらを優先する」ことはできない。③の場合は、目的外使用の対象施設が、なぜ、設置当初から公費で整備されているのか、という矛盾を抱える。

　飲食提供施設の部分だけを普通財産にして、指定管理者である団体に貸し付けることが解決策であると考えられる。

3 指定管理者の事務所

　指定管理者が、管理する公の施設の一部を管理業務の必要性を超えて、事務所として使用することはできない。使用するためには、目的外使用許可が必要であるが、「事務所が管理する施設の内にあった方が便利がよい」は、当該許可において考慮すべき事項ではない。単なるわがままに過ぎない。施設の設置当初から、あらかじめ指定管理者の主たる事務所のスペースが用意されている例などは、論の外である。活動の本拠であり、物理的な象徴でもある事務所を持たないような団体が、公の施設の管理者として相応しいだろうか。

　また、観光協会、NPOなどの指定管理者が、公の施設を所在地として法人登記を行っている例もある。一種の「不法占拠」である。対外的な誤解を招かないように、訂正させなければならない。

Ⅲ　復習とさらなる理解のために

1　法令用語と業界用語

「自主事業」の意味はあいまいである。よって、「自主事業における○○は、どのようにすればよいでしょうか」「自主事業においては、○○はこうなります」のようなやり取りは、質疑応答としては全く成立しておらず、時候のあいさつ程度の意味しかない。

指定管理者制度の運用に際しては、解説書、マニュアル、担当者間の会話などにおいて、多くの言葉が使われるが、

① 法令で定義付けられている言葉かどうか（定義の有無）
② 法令上の定義はなくても（定義を置くまでもなく）社会において共通の理解が存在している言葉かどうか（共通理解の有無）

を常に確認する必要がある。

2　公の施設における「管利」のチェック

指定管理者が、公の施設を利用する場合は、指定管理者ではなく、一つの団体として他の利用者と同じ手続が必要となる。

にもかかわらず、「指定管理者による無償・優先（独占）利用」は、自治体の公の施設で広く見られる。指定管理者制度の適切な運用における最も大きな課題の一つである。クイズ形式で確認してみる。

> T町は、農産物や特産品の直売所を開設した。連日、町外からの客も含め多くの来場者で賑わっており、売上げも好調である。特に地元の生産者団体「泥縄クラブ」が7年もの歳月をかけて研究・開発した名物の「餡なしおはぎ」は、「全く味がしないが低カロリーでよい」と大評判だ。消費者の健康志向を的確に捉えた戦略が成功したようである。こんな時代でも苦労は必ず報われるのだ。とても、いい話である。
>
> 直売所は泥縄クラブが指定管理者として管理し、販売コーナーは、泥縄クラブが独占的に使用している。では、以下のクイズに答えて欲しい。

Q1 泥縄クラブが、餡なしおはぎを販売する際には、直売所の使用申請を行う必要があるか。

① ある
② 指定管理者なのだから必要ない

A1 法的な課題の解決に取り組むときには、以下の作業が必要となる。

ア　登場人物を確定する。
イ　確定した登場人物を法律関係（契約又は行政処分）で結び付ける。
つまり、「法律関係の整理」が必要である。

その際のポイントは、同一人物であっても、法律関係ごとに別の人として扱うことである（「別人ルール」）。法律関係ごとに、「〇〇者」「××者」というように、法的に評価していく、つまり、法律関係という物語ごとに役柄を決めていく必要がある。なぜなら、法律関係は、契約又は行政処分ごとに成立・存続するからである。

このQ1の登場人物は、まず、
① 直売所の設置者であるT町
② T町に管理を委託された指定管理者の泥縄クラブ
③ 直売所の利用者である泥縄クラブ

の三者である。②と③とは法的には別人であることを理解していただきたい。

②の泥縄クラブは、公の施設の管理者（指定管理者）として、T町に代わって直売所の管理を行う立場にある。よって、利用者のために施設を管理しなければならず、施設で自分の利益を図ることはできない。シュールなおはぎを売って儲けたければ、管理者としての泥縄クラブではなく、他の利用者と同じように利用者としての手続が必要となる。管理者の泥縄クラブに利用者である泥縄クラブ（法的には、両者は全く別の人物）が使用許可を申請しなければならない。

よって正解は「①　ある」。

Q2 泥縄クラブは、使用料を支払う必要があるか。

① ある

② 指定管理者だから必要ない

A2 前問で検討したように、管理者の泥縄クラブと利用者の泥縄クラブは別人である。泥縄クラブが直売所で自己のために物販を行うには、利用者としての手続が必要である。使用料は利用者の泥縄クラブがT町に、徴収委託を受けていれば、管理者泥縄クラブを通して支払うことになる。

　よって正解は「①　ある」。

Q3 泥縄クラブは、泥縄クラブ以外の個人や団体が直売所を使用したいと希望した場合、拒否できるか。
① 指定管理者だから拒否できる
② 拒否できない
③ 餡の入ったおはぎの販売だけは拒否できる

A3 この直売所は「公の施設」である。だれでも平等に利用できる（自治法244Ⅱ）。仮に、主に泥縄クラブだけが利用することを想定して設置したとしても（おかしな話ではあるが）、公の施設に位置付けた以上は、泥縄クラブの独占利用は違法となる。

　管理者泥縄クラブは、自分の使用申請と他者の使用申請を平等に審査しなければならない。管理者としての権限を濫用してはいけない。

　よって正解は「②　拒否できない」。

Q4 「餡なしおはぎ」の売上はだれのものになるか。
① 泥縄クラブ
② T町

A4 使用許可を受けていれば泥縄クラブのものであるが、許可を受けていない場合、泥縄クラブは利用者としておはぎを売ることはできない。よって、おはぎ販売は、利用者泥縄クラブではなく、管理者泥縄クラブの行為となる。

第10章　指定管理者が行う事業の区分（自主事業の実施）

つまり、T町から委託を受けておはぎを販売していることになる。売上は、公金としてT町に納めなければならない。

よって正解は「②　T町」。

この施設については、「確かに法的には間違っているかもしれないが、地元団体も儲かっているし、町も施設の委託料を節減できているじゃないか！」との反論が予想される。しかし、本当にT町は委託料を節減できているのだろうか。次のQで検討してみる。

Q5　T町は、委託料を泥縄クラブに支出する必要があるか。
① ある
② ない

A5　直売所は泥縄クラブが独占利用している（ちなみに違法である。Q3）。ということは、直売所は、実態上、泥縄クラブが自分のために管理しているのである。ならば、委託料を減らせるどころか、委託料を払う理由はない。

自治体が委託料を払って委託するのは、広く住民が平等に利用するための管理を委託する場合である。泥縄クラブが独占使用するために泥縄クラブが管理することは、泥縄クラブの利用行為の一環であって、指定管理者制度によって委託する「住民のための管理」には当たらない。泥縄クラブは実質的には管理者の立場は持っていないのである。

よって正解は「②　ない」。

例えば、アパートで自分が借りている部屋を自分のために管理している者（賃借人）を、「管理人さん」とは呼ばない。アパートが管理人だらけになってしまう。

この直売所の現状は、アパートの賃借人が家賃をタダにしてもらった上に管理費用まで大家さんからもらって、自分しか使わない自分の部屋を自分のために管理し、「管理人さん、いつもお疲れ様！」と感謝されているのと同じである。

そんなアパートがあれば、私も住宅ローンを組まなかった。みなさんも、

そうだろう。T町が泥縄クラブに払っている委託料のうち、公の施設の管理の委託料だといえるのは、来館者用の休憩室やトイレの維持管理の費用だけである。

Q6 この直売所は公の施設として設置すべきだったのか。
① 公の施設でよい
② 公の施設ではない

A6 公の施設は住民のだれもが利用できる施設である（自治法244 Ⅱ）。直売所は泥縄クラブ専用の物販施設なのだから、公の施設として設置するべきではなかったのである。正解は「②　公の施設ではない」

直売所は普通財産として管理し、泥縄クラブに貸す。そして、委託料を支出するのではなく、逆に、貸付料を泥縄クラブから得るのが正しい方法である。

以上に見てきたように、公の施設における「管利」が蔓延している。住民のための「管理」に戻さなければならない。まずは、公の施設にかかわる者がそれぞれの「法的な立場」を理解することが大切である。

指定管理者制度の導入の時期と、道の駅や直売所などが急速に増加した時期とが重なったことも、「普通財産の公の施設化による管利の常態化」に拍車をかけているようである。

指定管理者制度の趣旨は、真の民間団体へ事務事業を開放することによって住民の福祉（よりよい暮らし）を増進することにあったはずなのに、制度導入後はかえって自治体による出資団体、いわゆる三セクのようなものが増加し、公の施設の管理や公の施設そのもののあり方が歪になっている。

この直売所は、泥縄クラブのために設置しているのであるから、自治体が委託料を支払って、管理を委託することは不当であると考えられる。公の施設の「管理」とは住民の利用のための作用であり、自らの利用のためのものではない。

指定管理者が利用する際にも、適正な手続が行われ、「住民であれば誰も

が平等に利用できる」という環境が実現されなければならない。
　泥縄クラブには、
・　利用する際は使用許可手続と使用料の支払いを行うこと
・　許可の際は、他の利用希望者と公平に利用調整を図ること
を早急に指示（自治法244の２Ⅹ）する必要がある。

第11章 指定手続のしくみ

　指定管理者制度には、業務委託とは違った手続が用意されている。契約の締結ではなく、議会の議決を経た上で、指定という行政処分によって委託されるのである。

　指定手続には、指定を希望する団体に申請する権利を認めるしくみと認めないしくみとがある。

Ⅰ　まずは、制度を理解しよう！

1　指定までの流れの概要

　公の施設に指定管理者制度を導入するためには、主に以下の手続が必要となる。新たに公の施設を設置する場合には（1）から、既存の施設に指定管理者制度を導入する場合には（4）以下である。

（1）施設設置日の決定
（2）用地取得や建物の建設
（3）公の施設の設置管理条例の制定
（4）指定手続条例の制定
（5）指定手続の開始（公募）
（6）候補者の選定
（7）協定書案の作成
（8）指定議案の提出
（9）指定及び協定の締結

　それぞれの段階の概要と留意事項を解説する。

2　施設設置日の決定

　設置日から、すべてのスケジュールを逆算することになる。自治体の意思だけではコントロールできない外在的な要因については、設置日を決定する段階で確実に把握した上で、関係団体などと十分な調整を行い、合意を得ておかなければならない。

　設置日が近づく段階になって、必要な手続が欠けていることが判明し、住民の利用に支障が生じる例が比較的多い。民間の土地や民間所有の建物の一部を借りて設置する施設、特に新設される施設の場合は、調整や情報収集に注意が必要である。

3　用地取得や建物の建設

　時系列に沿った予算措置を経て、用地と建物の確保を行う。建設（請負）や取得（売買）契約についても、規模（金額、面積）によっては、議決事項となる（自治法96Ⅰ⑤・⑧、自治令121の2、別表3・4。）。

　建物建設の請負契約や用地の売買契約の締結は、教育委員会所管の公の施設のためのものであっても、長の権限である（自治法149②・⑥）。

4　公の施設の設置管理条例の制定

　公の施設は条例で設置する（自治法244の2Ⅰ）。これは、実務上、「設置管理条例」などと呼ばれている。「設置」とは、土地や建物などの公の施設を構成するための物理的な要素を確保することだけではない。それに加えて、施設を住民が利用できる法的な状態にするために、必要な利用規程（設置管理条例）を設けることを指す。

　設置管理条例には、許可条件、使用料、減免基準など管理に必要な事項を適宜、総合的に規定する。設置管理条例ごとに用語の使い方がばらばらな自治体も少なくない。

　1で予定した設置日に利用できる目処が確実に立った段階で、議会に諮る。年度当初（4月1日）の設置の場合は、9月又は12月議会が標準であると考えられる。

　軽易な事項（開所時間、申請書の様式など）については、規則で定める（条

例から規則へ委任する）ことも可能であり、ほとんどの公の施設には、設置管理条例のほかに「条例施行規則」が置かれている。

5　指定手続の制定
（1）指定手続条例の形式
「指定の手続」「管理の基準」「業務の範囲」を、条例で定めなければならない（自治法244の2Ⅲ）。

規定の方法は、次のいずれかになる。優劣はない。

① すべての公の施設に適用される通則的な条例（以下「指定手続条例」という）を制定し、指定管理者制度を採用する公の施設の設置管理条例の中に、指定手続条例を適用する旨の規定を置く。

② それぞれの設置管理条例の中に、指定手続の規定を個別に設ける。

（2）指定手続条例の設計
基本的な設計として、次の2つの規定ぶりが見られる。
・「指定管理者に行わせる」（必ず制度を採用する）
・「指定管理者に行わせることができる」（直営と選択的に採用する）

指定管理者制度を導入するかどうかは、その時点での施設の役割や利用状況などによって、判断すべきことである。また、実際にふさわしい相手があってこそ、委託は成立する。さらには、指定の議案が否決された場合や指定を取り消した際には、一時的には直営にしなければならない事態も発生し得る。

よって、「行わせることができる（直営と選択的に採用する）」が適当である。そもそも、自治体の事務において個別具体の判断なしに、「絶対に委託する」という規定が機能することは考えられない。

なお、利用料金制度を採用する場合は、その旨を定めておかなければならない（自治法244の2Ⅷ・Ⅸ）。

6　指定手続の開始（公募）
公募を行わず、特定の団体との個別の交渉で指定管理者を指定する、いわ

ゆる「特命」も可能である（違法ではない）。しかし、最も適性のある団体を公募せずに選定できる、つまり、自治体が候補者の選定に必要な情報を、自力ですべて収集できるとは考えられない。

また、公募しない場合でも、その施設に指定管理者制度の導入を計画していることを公表する手続は、必要であると考えられる。

7　候補者の選定

申出者（申請者）の中から候補者を選定する。選定委員会などの附属機関を設置する場合が多いが、法定の要件ではない。

複数の希望団体があった場合、選ばれた団体、落選した団体の双方にその旨を通知する。候補者となった団体への通知は、この段階では単なる「お知らせ」に過ぎない。法的な通知ではなく、何の権利を保障するものではない。

一方、落選者に対しては、指定手続条例で申請システムを採用している場合、つまり、指定手続条例において「申請」と規定することによって、申請する権利を保障している場合（客観的には、そう評価される）には、不指定が行政処分となる。よって、審査請求や提訴ができる旨の教示を不指定の通知に記載する必要がある（行政不服審査法82、行政事件訴訟法46Ⅰ）。

申出システムの場合（手続条例に「申出」と規定している場合）は、候補者への通知と同様に単なる「お知らせ」であり、不指定に対して、不服申立てや提訴はできない。

8　協定書案の作成

あくまで、公募の際に自治体が示した条件や候補者が応募の際に申し出た内容に沿って作成する。候補者の選定の段階では存在しなかった条件を盛り込むことは、候補者選定の手続の瑕疵につながる。

協定の内容は、この段階で完全に確定していしていなければならない。「議決を経て指定した後は、協定書には記名押印するだけ」の状態が必要となる。指定後に協定書の内容を詰めることはできない。よって、候補者との協議ではなく、自治体が主導して作成することになる。項目は、業務委託契約における契約書と基本的に変わりはない。

9　指定議案の提出

候補者を選定したのちは、指定議案を提出することになる。なお、特命による場合は、公の施設の設置管理条例の制定や改正の議案を先行させずに、指定議案と同じ議会に提出することも考えられる。その際は、設置管理条例（改正条例）案の提出が、指定議案に先行（議案番号が若い）していなければならない。

10　指定及び協定の締結

議決を得た後は、候補者（団体）に対して、指定（行政処分）を行う。指定後は、先に合意していた協定の内容（協定書の案）について、正式に協定を締結する。協定は指定の一部であり、指定から独立した契約書ではない。

●指定手続の例

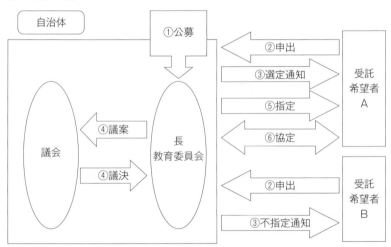

Ⅱ　実務の改善のために

1　指定の撤回と取消し

法文において、「取り消し（す）」と規定されている場合、それは、「撤回」

を指しているときと、「取消し」を指すときとがある。両者の要件や効果は異なる。

（1）指定の撤回

地方自治法には、指定の取消しの根拠であると思われる規定（自治法244の2 XI）がある。

> ◎地方自治法
> 第244条の2
> 10　普通地方公共団体の長又は委員会は、指定管理者の管理する公の施設の管理の適正を期するため、指定管理者に対して、当該管理の業務又は経理の状況に関し報告を求め、実地について調査し、又は必要な指示をすることができる。
> 11　普通地方公共団体は、指定管理者が前項の指示に従わないときその他当該指定管理者による管理を継続することが適当でないと認めるときは、その指定を取り消し、又は期間を定めて管理の業務の全部又は一部の停止を命ずることができる。

しかし、この11項の規定による「取消し」は、文字どおりの取消しではない。後発的な事情によって、行政処分の効果を将来に向かって消滅させる行政処分、つまり、行政法における「撤回」を意味している。

要件としては、指定管理者の地位を剥奪する行政処分なので、是正不能な実態の存在が必要となる。

よって、ここでいう「指示」には、指定管理者に対するすべての指導や指図が当てはまるのではなく、住民の利用を確保する、あるいは、当該団体が管理を継続するに当たって重要な「指示」だけが該当する。辞書的な意味での指示ではない。「指示に従わなかったとき」は、その後に続く「管理を継続することが適当でないと認めるとき」の内容の一つとして示されている。

また、指示の内容にもよるが、一般的には1回の指示違反では取消しの要件は満たされないと考えられる。指示の重要性と指示違反の悪質性が、取消

しを行うかどうかの判断基準となる。

(2) 指定の取消し

この11項の取消（撤回）とは別に、本来的な取消しも可能である。この取消しは、その行政処分の判断にそもそもの誤りがあった場合などに行うべき、行政処分に内在する権限である。よって、根拠は指定の根拠である同条3項あるいは指定手続条例の該当条項となる。

取消しの事例としては、候補者選定時における、指定の判断を左右するような重大な虚偽の申告（実績など）が、明らかになった場合などが考えられる。取り消した場合は、当初から指定しなかったことになる。ただし、委託料や利用料金の返還を求めることができるわけではない。業務自体（対価分のしごと）は、既に行っているからである。

(3) 撤回、取消しの手続

いずれの場合も、通知書の表現は「取り消し（す）」であり、手続も同じである。聴聞の手続を経て、審査請求や提訴ができる旨の教示を取消通知に記載する必要がある（行政手続法13Ⅰ①イ、行政不服審査法82Ⅰ、行政事件訴訟法46Ⅰ）。

なお、指定手続を定めた条例の中に、取消し（撤回を含む）の手続を規定した上で、取消しを条例に基づく処分としている例がある。その意図は、指定が条例に基づく処分であると考えられる（「条例の定めるところにより……

●指定の撤回と取消

	法律の根拠	意義	要件	例
撤回	要 （自治法244条の2 XI） 条文上は「取り消し」	後発的な事情による法律関係の解消	・重大な指示違反 ・管理を継続することが適当でない事情の発生	・重大な法令違反 ・極めて不適切な管理状態の発生
取消	不要 （指定権限に内在）	原始的な瑕疵の発見による法律関係の解消	指定の前提条件の不存在の発覚	虚偽の内容による指定の申出（申請）

指定することができる」自治法244の2Ⅲ）ことから、法律に基づく処分である指定の取消しも指定に揃えようというものである。

しかし、この方法が認められるならば、法律に基づく行政処分（行政手続法の対象）はすべて、条例に基づく処分（行政手続条例の対象）に変換できてしまうことになる。参考にすべきではない。

なお、本件は、行政法における争点の一つとなっている「審査基準や処分基準で定めるべき事項を、条例で規定することができるか」という問題とは、別のものであることを付言しておく。

2　設置管理条例と指定手続条例との整合

条例の制定時期と指定手続の開始時期との関係において、実務上、以下の課題がある。

A：公募などの指定手続は公の施設の設置に先行して開始しなければならない（そうしないと設置に間に合わない）。

B：指定手続は条例事項であり（自治法244の2Ⅲ・Ⅳ）、公の施設の設置管理条例の中で指定手続（あるいは指定手続条例の適用）を定めなければならない。

AとBは両立させなければならないが、互いに矛盾する。例えば、設置管理条例の施行日を供用開始日（例：4月1日）とした場合、指定管理者制度も供用開始と同時に適用となる。よって、事前（旧年度中）に指定手続を行うことができない。

そこで、設置管理条例（案）の附則の中で、施設の設置そのもの（条例本体）と指定手続の適用時期をずらすための工夫が必要となる。実務においては、以下の2つの方法が見られる。

案1：包括的に事前の指定手続の実施を許す規定を設ける。

施設の供用開始日を施行日とする。その上で、条例制定前に、すでに行った指定手続を追認する。

【指定手続条例がある場合】
「この条例の施行の日前になされた○○市公の施設の指定管理者の指定の手続等に関する条例による指定管理者の指定の手続に相当する手続は、同条例によりなされたものとみなす」

【指定手続条例がなく設置管理条例で指定手続を定める場合】
「第8条の規定（注：指定手続の規定）の施行の日前になされた同条の規定による指定管理者の指定の手続に相当する手続は、同条の規定によりなされたものとみなす」

案2：指定手続の適用日の特例を設ける。
　指定手続の開始時期に合わせて条例を制定する。指定手続以外の本体規定は適用を先送りにする。
「この条例は○○年○○月○○日から施行する。ただし、第16条から第18条まで及び第19条前段の規定（注：指定手続の規定）は、公布の日から施行する」

　案1の場合は、既に行った指定手続に条例を遡って適用するので、条例案の提出は、設置予定日の直前の議会（例：2月議会）でもかまわない。**案2**の場合は、指定の候補者を選定するのに必要な期間を確保しなければならない（例：9月議会）。
　案1の方が便宜に思えるが、条例事項である指定管理者制度の導入のための手続を、条例の根拠なしに行うことは、極めて不適当である。要するに、条例（議会の決定）がないと行えない事項を、執行機関が勝手に実施している（その時点では明らかに違法）に過ぎない。
　よって、**案1**は適当ではなく、**案2**によらなければならない。

Ⅲ 復習とさらなる理解のために

1 指定議案の審議

　議会の審議においては、候補者を指定管理者として決定するかどうかが議決の対象である。議案書には指定の期間も記載される。

　本会議や委員会の審議について、「協定書の案も資料として提出しなければならないのか」「落選した団体の提案内容についても解答しなければならないのか」などは、聞くまでもない。決定者である議会には、正当な判断ができるために十分な資料を提出しなければならない。

　「議会の承認を得て、執行機関が指定管理者を決定している」のではない。「(候補者の選定は執行機関が行うものの)議会が指定管理者を決定している」のである。議決事項とは「議会の承認事項」ではなく、「議会が決定する事項」という意味なのである。

2 指定管理者選定における雇用や産業振興

　道の駅、物産館などの中には、産業の振興、雇用の確保、観光の振興などを目的として、特定の団体(顔の見える住民)を指定することを前提に、公の施設として設置しているものも少なくない(以下「外形的公の施設」という)。

　よって、外形的公の施設の選定手続においては、そもそも、「公募か特命か」を検討する過程が予定されていない。

　しかし、公の施設として設置された以上は、その利用だけではなく、管理においても、平等な機会が保障されなければならない。よって、特命方式を採用するためには、産業振興のような副次的な理由だけではなく、指定管理者を選定するに当たっての本来的な理由、つまり、「住民の利用を確保するにおいて当該団体が最も適切である、あるいは、当該団体しか考えられない」が必要となる。

　公の施設は、あくまで、一義的には住民(匿名的な住民)の生活向上のためにあることを忘れてはいけない。なお、指定手続の条例の中で、申請権を定めている場合は、特命はできない(行政手続法7など)。すべての申請書(希望者の希望)について可否を判断(審査)しなければならない。

3　指定の撤回と取消し

Ⅱ1で解説した「撤回」と「取消し」は、ほかの法的な事務にも関係する自治体法務における基本的な考え方の一つである。そこで、もう少しくわしく検討してみる。

◎地方自治法
第244条の2
3　普通地方公共団体は、…指定するもの（…「指定管理者」…）に、当該公の施設の管理を行わせることができる。
11　普通地方公共団体は、指定管理者が前項の指示に従わないときその他当該指定管理者による管理を継続することが適当でないと認めるときは、その指定を取り消すことができる。

ここでの問題の所在は、条文の表現（用語）と法的な原則・考え方における概念は一致しない、言い換えれば、「法には解釈が必要である」という点にある。

〔撤回〕

11項の「取り消し」は、重大な指示違反などの、「後発的事情」の発生を要件として行われるものである。

このように、後発的事情を原因として、行政処分の効果を失わせる場合、条文の表現は「取り消す」であっても、法的な原則や考え方、つまり、法律の教科書における「撤回」を意味する。その効果は遡求しない。11項の「取り消す」は、講学上の「取消し」として解釈してはならないのである。

〔取消しには根拠はいらない〕

ここで、取消しと撤回の効果や要件の違いを確認する。

○　取消し……行政処分（指定）の判断に誤りがあったことが発見された場合において、効果を遡って失わせるもの。〔原始的事情〕

○ 撤回……行政処分（指定）後に発生した事案によって、行政処分（指定）の効果を将来に向けて失わせるもの。〔後発的事情〕

　法的な原則や考え方においては、原始的事情による取消しには、根拠はいらないとされている。実質的には、行政処分（指定）のやり直しであり、当然に取り消すべき（本来は、指定してはいけなかった）であるから、根拠は不要である。取消しは、適正な行政処分（指定）を行う権限自体に含まれる、権限行使に不可欠の作用なのである。
　一方、撤回には、極端に重大は違法行為によるものでない限り、原則として根拠が必要となる。どんな後発的事情によって資格を失わせるかは、取消しのように「当然」ではなく、判断するための基準がなければならない。違法な営業を行ったことによる許可の取消しなどもこれに該当する。停止にとどめるか許可を取り消すかについては、法的な基準とそれによる判断が必要なのである。
　よって、11項は撤回だけの根拠であり、取消しの根拠は指定権限を定めた3項であるということになる。

〔条文と法的な考え方との関係〕

　大学の法学部でまじめに法学を勉強した、新規採用職員Aさんと先輩との会話である。

A　：「11項の『取消し』って、要件を見ると、どう考えても『撤回』ですよね」

先輩：「そう、これは、確かに『撤回』だよ」

A　：「やっぱり。実際の法律の条文では、『撤回』のことを『取消し』って、規定するのですね」

先輩：「そうだよ。学問的な考え方と条文の規定とは一致しないことがあるから、気を付けないといけないね」

　次は、法学部を出ていないが、日々、真摯に仕事に向き合っている新規採用職員Bさんと先の先輩との会話である。

B　：「11項の『取消し』には、どう考えても、今回の虚偽申請の場合は当てはまらないような気がするのですけど……」

先輩：「そう。11項は、遡って行政処分がなかったことにする場合の根拠にはならないよ。この『取消し』は、法律学で『撤回』というんだよ。今回のような場合が『取消し』で、二つは区別して考えないといけないね」

B：「やっぱり。『自治体法務の基礎から学ぶ　指定管理者制度の実務』を、しっかり読んでみます」

先輩：「がんばってね。条文の表現とは別に、それを正しく解釈するための『法的な考え方』というものがあるから、勉強してみるといいよ」

　AとBさんとの間に優劣は付けられない。二人とも、条文を単純に読んで適用したときに、「おかしなことになってしまう」と感じることができる能力、いわば、「法的な絶対音感」を確かに持っている。

第12章 協定の性質と内容

　指定管理者に業務を委託するに当たっては、実務上、自治体と指定管理者との間で協定を締結している。協定は指定と相まって、契約と同じ法的な効果を持つ。

　協定書には、委託料の額や支払方法、事業の実施方法などの自治体が必要と判断した事項を規定することになる。

I　まずは、制度を理解しよう!

1　協定の性質

　自治体と指定管理者との法律関係は、指定という行政処分で形成される。指定管理者の法的な地位は指定によって、完全に確立されるのである。

　よって、指定管理業務の実施について、自治体と指定管理者との間に、新たな法律関係、具体的には契約を締結する必要はない。二重に権利義務関係を設定することになるからである。権利や義務は契約だけではなく、行政処分（ここでは指定）によっても設定できる。例えば、公営住宅の使用許可（入居決定）は、賃貸借契約の締結と同じ役割を持つ。許可を出した後に、賃貸借契約は締結しない。

　指定に加えて契約を行うことは、同じ対象（権利義務）についての契約を同一の当事者間で二度締結するのと同じである。自治体と指定管理者とが指定後に契約を締結することは、違法という評価を超えた（次元の異なる）「おかしな」「あり得ない」「意味が分からない」ことなのである。

　一方で、地方自治法、公の施設の設置管理条例及び財産管理規則などの関係法令、そして、指定の内容（対象施設、指定期間）だけでは、指定管理者が業務を行うに当たっての必要な事項（例：委託料の額、業務の実施方法）が

示されていない。指定管理者として何をすればよいかが、十分には具体的になっていないのである。

そこで、自治体と指定管理者との間で「協定」を結ぶという、事実上の手続が実務において確立されている。この協定（の締結）は、制度として設けられているものではない。法的には行政処分である指定の内容についての実務的な具体化の手法（ノウハウ）である。

協定及び協定書の役割や性質は、以下のとおりである。
① 協定は、指定という法律行為の具体化のための作業である。
② 協定書の内容は、指定の一部として契約と同じ効果を持っている。

指定書と別に協定書を作成するのではなく、業務委託契約において契約内容を記載するのと同様に、指定管理業務の実施における自治体と指定管理者との権利義務の内容を、すべて指定書に記載することも、もとより可能である。

2　協定を附款として位置付ける必要性

協定を指定の附款であるとする見解がある。附款とは、必要に応じて行政処分に付される法的な条件である。しかし、そもそも、協定を附款であると捉える必要性や、附款であるかどうかを検討する必要性そのものの存在が疑わしい。実務においては、「附款論」は無視されたい。

少なくとも、確実に附款であるとはいい難い。仮に、附款であるのならば、行政処分（指定）の一部として、自治体と指定管理者が合意するのではなく、自治体が一方的に決定することとなる。協定書の末尾には、長、教育委員会又は企業管理者の記名と公印だけが存在し、指定管理者の代表者のそれは無用なはずである。

3　協定と業務委託契約との対比

業務委託において、委託する業務、委託料などの具体的な契約内容は委託契約書に定められる。「委託する」という自治体による委託の意思決定と委託の内容とが委託契約書という一つ規程で定められることになる。

指定管理者制度による委託の場合は、委託自体の意思決定は指定という行

政処分で行われるが、指定書には、具体的な契約内容は規定されない。具体的な委託の内容は、「協定書」という形でまとめられる。内容的には指定書と協定書とを合わせて、業務委託における委託契約書に相当する。

4 教育施設における協定書の名義

図書館、公民館などの教育施設については、管理権限を教育委員会が持っている。しかし、委託料支払いの契約権限や利用料金承認の権限は長にある（自治法149②）。そこで、協定の締結を行うのは長であるか、教育委員会であるかの疑問が生じる。

どちらであっても矛盾は残る。言い換えれば、どちらも確実に違法であるとはいえないが、指定の権限を持つ教育委員会が協定を締結すべきであると考えられる。

なお、指定管理者、長、教育委員会の三者で協定を締結すると解説している書誌があるが、理解できない。長と教育委員会は、どちらも自治体に代わって権限を行使（自治体の利害を代表）しているのであり、互いに協定を締結する関係にはない。三者の協定ではなく自治体側の当事者（甲）を二者にするのならば、その意味は存在する。

5 協定の締結時期と指定議案の審議

協定の締結は指定とは別に行われる。しかし、協定の内容は指定管理者が行う業務、つまり、業務委託契約における契約内容に相当する。

よって、指定の議案を提出する前に協定（案）を作成し、指定管理（候補）者と合意しておかなければならない。指定した後に協定の内容を詰めるのではない。これは、公募を行わない、いわゆる「特命」の場合も同様である。

議決を得た後に、委託内容を執行機関側が自由に決めることはできない。「どの団体を指定管理者にするか」という課題の中には、「その団体がどのような条件でどのような業務を行うか」も当然に含まれている。

名前だけで、指定管理者としてふさわしいかどうかを判断できるはずもない。指定の議案審議においては、当然、協定書案の中身についても具体的に答えることになる。

Ⅱ 実務の改善のために

協定の内容

協定書の実例を通して、協定（書）における課題を挙げる。

（1）業務の実施

> （本業務の実施）
> 第8条　甲及び乙は、本協定及び本協定に基づき甲と乙が指定期間中に毎年度締結する協定（以下「年度協定」という。）のほか、次の各規程に従って本業務を実施するものとする。
> （1）　市民会館指定管理者公募要項
> （2）　市民会館指定管理業務仕様書
> （3）　乙の提案した、市民会館指定管理者事業計画書（提案書）
> （4）　公募説明会での質問への回答（平成〇年〇月〇日付）

【解説】

　協定を締結するに至る各段階における、自治体と指定管理者とのあらゆるやり取りについて、漏れがないように「投網」をかける意図で本条各号が置かれていると考えられる。

　しかし、協定書は法的には契約書である。自治体や指定管理者の権利義務を確定するものである。よって、当てはまる範囲が明確でない質疑応答の内容（4）を引用することは不適当である。また、（1）～（3）も、それぞれ別の目的によって作成されたものである。

　よって、いずれの号も協定書において、その内容を明確に書き起こすべきである。

（2）規程の適用関係

> （本協定以外の規程の適用関係）
> 第9条　前条に掲げる各規程の間に解釈上の矛盾又は齟齬が生じた場合、本協定、年度協定、質問回答書、公募要項、仕様書等、提案書の順に解釈が優先されるものとする。

【解説】

　公募要項、仕様書、提案書において実施するとされていた事業について、協定書に規定されていなかった場合、法的には、当然、協定書の「実施しない」が優先される。これが、民間団体同士の契約（書）であれば、それで何らの問題も生じない。

　しかし、指定管理者制度においては、公募要領などに規定された事業は、すべて協定書に規定した上で、実施されなければならない。民間における契約とは違って、協定の内容は、住民や指定されなかった団体に対する正当性も要求されるからである。公募要領などの内容を実現しないことは、指定手続の瑕疵につながる。

　よって、指定管理者の業務や事業の内容については、すべて協定書に記載されていることが前提となる。その上で、仮に、「本協定、年度協定、質問回答書、公募要項、仕様書等、提案書」間に矛盾や齟齬が生じた場合は、原則的には、それを契約（合意）事項の確認や擦り合わせの機会ではなく、「事故」と捉えた上で、まずは、法令への適合性や指定手続の公平性などを勘案して、個別に解決が図られなければならない。

（3）自主事業の実施

> （自主事業）
> 第11条　乙は、本施設の設置目的に合致し、かつ本業務の実施を妨げない範囲において、乙の責任と費用により、本業務の実施効果を高める附帯的サービスを本業務の一環として実施することができる。

【解説】

　いわゆる「自主事業」の実施において、その収益を指定管理者のものとするためには、他の利用者と同じように使用手続（使用許可の申請と使用料の支払）が必要である。使用手続がなければ管理行為として実施したことになり、収益は自治体に帰属する。

　使用料の減免についても、所定の手続が必要である。協定書で、許可や減免をすることはできない。そもそも、指定管理者が自主事業を行う場合だけ、使用料を減免することには正当性がない。「委託料を減らすため」は、理由にはならない。

　自主事業だろうが何であろうが、管理行為と利用行為との区別は明確にしておかなければならない。

（4）業務内容の変更

> （業務内容の変更等）
> 第14条　本協定で定める内容について、特段の事情により変更等をしなければならない場合、甲及び乙は、誠実に協議の上、定めるものとする。
> 2　業務内容の変更及びそれに伴う指定管理料の変更等については、前項の協議において決定するものとする。

【解説】

　例規や仕様書に定められ、あるいは、公募要項に示された業務を実施できない場合は、指定の取消や損害賠償の対象となる。この規定による業務の変更は、実施方法などの軽微な変更に限られる。

　また、協議が整わない場合は、自治体の意思が優先されなければならない。

（5）施設の破損についての損害賠償

> （損害賠償等）
> 第44条　乙は、故意又は過失により管理施設を損傷し、又は滅失したときは、それによって生じた損害を甲に賠償しなければならない。ただし、甲が特別の事情があると認めたときは、甲は、その全部又は一部を免除することができるものとする。

【解説】

　施設の損傷についての損害賠償責任は、指定管理者が当然に負うものであり、本条の前段はあくまで確認的な規定である。

　損害賠償責任の免除は、議会の議決事項である（自治法96Ⅰ⑩）。協定で定めることはできない。ただし書以下には、効力がない（規定してはいけない）。

　この点につき、あらかじめの議決によって、一定金額以下の賠償責任の免除が、長の専決事項とされている自治体もある（自治法180Ⅰ）。しかし、その場合であっても、免除の検討自体をするかどうかを含めて、長が個別かつ独自に判断しなければならない。協定で一般的に約しておく事柄でない。

　このように規定すると、免除について検討してもらえる権利を保障されたという誤解を、指定管理者に持たせることになってしまう。極めて不適切である。

（6）住民（利用者）への損害賠償

> （第三者への賠償）
> 第45条　本業務の実施において、乙に帰すべき事由により第三者に損害が生じた場合、乙はその損害を賠償しなければならない。

【解説】

　指定管理者が、利用者である住民などに損害を与えた場合の賠償責任は、

自治体に発生する。賠償責任の所在を協定で、指定管理者に変更することはできない。

(7) 指定取消し

　　（甲による指定の取消し等）
　第53条　甲は、乙による管理を継続することが適当でないと認めるときは、地方自治法第244条の2第11項の規定に基づき、その指定を取り消し、又は期間を定めて本業務の全部又は一部の停止を命ずることができる。
　2　前項の乙による管理を継続することが適当でないと認められる場合の例としては、以下のような状況が想定される。
　（1）　乙が第7条、第8条及び第9条の規定に違反したとき（以下略）

【解説】
　指定の取消しは行政処分である。協定で、「この場合に取消しをする」と、自治体と指定管理者との間で合意や予定をしておく事柄ではない。取消しの基準を定めるとすれば、処分基準とし、公に示すことになる（行政手続法12）。

Ⅲ　復習とさらなる理解のために

指定管理者制度における情報公開条例の適用

　情報公開条例における行政文書の管理は、「実施機関」という単位で行われる。長、教育委員会などの執行機関のほかにも、地方公営企業法で契約権限などを与えられている企業管理者や、消防法でいくつかの法的権限を与えられている消防長も、実施機関とされている。その意味では、指定管理者も使用許可の権限を持っており、実施機関になることもできると考えられる。
　そこで、指定管理者が自治体から委託された業務を行う中で作成・取得した情報（文書）は公文書とすべきか、さらには、公文書とした場合の実施機関は誰にすべきか、という課題が発生する。条例の制度設計としては、以下

の3つが考えられる。

① 指定管理者が保有する文書を公文書とし、指定管理者（の代表者）を実施機関とする。
② 指定管理者が保有する文書を公文書とし、当該公の施設を所管する長、教育委員会又は企業管理者を実施機関とする。
③ 指定管理者が保有する文書を公文書とせず、指定管理者に情報の開示などについて努力義務を課す。

　実際には、①や③の自治体が多いようである。しかし、指定管理者制度の法的しくみにおいては、指定管理者は自治体の機関の立場に立って公の施設の管理を行う。

　したがって、指定管理者が公の施設の管理に関して作成・取得した文書のうち、直営時に存在した公文書に相当する文書は、文書番号を付けて保存年限を定めるなど、自治体に帰属する行政文書として自治体の文書管理規程に従って管理されなければならないはずである。そして、指定期間が終了した場合は、すべて指定管理者から自治体の担当課に（実施機関内部での作業として）引き継がれなければならない。

　よって、②が正しいと考えられる。個人情報保護条例における実施機関についても、考え方は同様である。

　指定管理者の法的な立場から、指定管理者制度におけるそれぞれの課題の解決を図っていかなければならない。

第13章 附属機関(選定委員会)の設置と運営

　長、教育委員会などの執行機関や企業管理者は、必要な情報や見識を得るために、審議会や検討委員会を置くことができる。この審議会などを「附属機関」という。
　かつて、不必要に多くの審議会が設置されたことが契機となって、附属機関の設置は条例によることとされている。

Ⅰ　まずは、制度を理解しよう!

1　附属機関とは

　自治体は、条例案や計画案を作成するに当たって、住民、専門家、関係団体の代表者などによる議論の場(審議会等)を執行機関や企業管理者(執行機関等)に設置することができる。その審議会等を附属機関という(自治法138の4Ⅲ、202の3)。
　附属機関の役割は、執行機関等から依頼された事項にかかる審査、チェック(消極的な機能)や案の策定(積極的な機能)などである。一般には、後者が多いが、両方の役割を併せ持つ場合もある。

◎地方自治法
第138条の4
3　普通地方公共団体は、法律又は条例の定めるところにより、執行機関の附属機関として自治紛争処理委員、審査会、審議会、調査会その他の調停、審査、諮問又は調査のための機関を置くことができる。ただし、政令で定める執行機関については、この限りでない。

指定管理者の候補者を決める段階で設置される、いわゆる選定委員会が、長などの附属機関に当たる。

職員だけで構成される場合は、附属機関ではない。内部の話合いに会議名が付いているだけである。長の指示による事務作業の過程に過ぎない。「委員会」とはいえない。職員だけで検討すること自体は、方法論としては採り得るが、メンバーをホームページなどで公開し、公平性をアピールすることは、おかしい。複数人を集めて議論さえすれば、委員会や審議会になると誤解していると評価されかねない。

2　附属機関の設置

附属機関は、条例で設置しなければならない（自治法138の4Ⅲ）。執行機関等の内部に置かれるものなので、本来は、条例ではなく規則に拠るべきものであると考えられる。しかし、みだりに設置されることを防ぐために、設置条例案の審議を通して、その必要性を議会がチェックをするしくみが採られている。

「附属機関を置くことができる」と規定されているが、これは授権的な根拠ではなく、確認的な意味しか持たないと考えられる。本来、長などの執行機関や企業管理者が、自らの意思決定に際して審議会的な集まりを開催することは、その役割や権限から当然にできるはずの事柄だからである。

同項は、「法律又は条例により」という附属機関設置に際しての規制を設けるために、条文の構成上、「……できる」の部分を前段として書き起こしたものであると評価することもできる。

この点につき、企業管理者の附属機関の設置については、地方公営企業法には規定がない。執行機関における附属機関の規定が確認的なものであることを考えると、企業管理者の事務についても、必要であれば附属機関を設置できると理解すべきである。設置に際しては、法令の規定はないものの、地方自治法における執行機関の例に倣って条例で設置しなければならないと考えられる。

指定管理者の選定委員会も、当然、長、教育委員会又は企業管理者の附属機関として、条例で設置する必要がある。

3　附属機関の役割

　附属機関が出した答申が、そのまま執行機関の判断や自治体の方針になるというしくみが存在しているわけでない。決定は、あくまで議会や執行機関等が行う。

　指定管理者制度においても、選定委員会が指定管理者や指定候補者を決定するのではない。附属機関に決定する権能はなく、また、長などの判断で、決定権を持たせることもできない。選定委員会の諮問や議論の内容を受けて（参考にして）、執行機関等が指定候補者を決定する。

　選定委員会の答申が出た段階で、あたかも候補者、さらには指定管理者が決定したかのような取扱いや報道がなされることがある。注意が必要である。

4　附属機関設置条例の形態

　附属機関の設置条例は、以下のいずれかとなる。

① 　個々の附属機関の設置だけを内容とするもの
　例：○○審議会設置条例
② 　その自治体の附属機関をまとめて規定したもの。個々の附属機関については、別表で規定する。
　例：○○市附属機関の設置に関する条例
③ 　特定の目的を達成するための政策を総合的に規定した条例の中に、附属機関についての規定を置くもの
　例：中小企業振興条例

5　選定委員会の設置形態

　選定委員会を設置する場合は、以下のようになる。

① 　選定委員会ごとに条例を制定（○○選定委員会設置条例）
②－1　各施設の選定委員会をまとめて規定（○○市指定管理者の選定委員会の設置に関する条例）
②－2　指定手続を定めた条例に選定委員会の規定を置く。
③ 　各施設の設置管理条例に選定委員会の規定を置く。
　②－2はすべての施設について、③はその施設について、選定委員会を置

くことが、あらかじめ義務付けられてしまう。あくまで、施設ごと指定ごとに、選定委員会を設置するかどうかが判断されなければならない。よって、①又は②-1が適当である。

なお、②-1の場合は、長や教育委員会だけではなく、企業管理者に置かれる附属機関も、当然そこに含まれる。

II 実務の改善のために

1 教育委員会における附属機関の必要性

教育委員会の意思決定においては、長の場合よりも、相対的に附属機関を設置する必要性は低いと考えられる。各委員に専門的知見が備わっているはずであり、また、合議制であるため、偏った情報や独断で決定される余地が少ないからである。

2 附属機関の設置における論理循環

「この審議会は、条例で定めていないから附属機関ではない」などという珍奇な論理を展開する（回転させる）者がいる。附属機関は、「自治体の予算を消費して、専門家や住民に議論させる場を設ける際は、議会の承認を得なさい。その証として条例で定めなさい」という制度である。条例を定めず、議会に承認されないまま違法に開催されているものが、いわゆる私的諮問機関なのである。

3 附属機関の濫設と違法（要綱）設置

自治体においては、条例制定や計画策定の際に、それが義務であるかのように、当然のごとく附属機関が設置される傾向が見られる。

しかし、本来、附属機関は具体的な必要性を踏まえて、住民や専門家から情報や知識を得るために設置する、つまり、特に設置するものである。附属機関を設置しないことのほうが、自治体の意思決定における一般的なプロセスである。

現状における、「濫設置→設置や運営にかかる事務の煩雑化→簡素化のた

めの要綱開催→違法状態の顕在化」というスパイラルからは、脱しなければならない。

　附属機関の濫設や、それに伴う執行機関や職員の主体性の低下が、自治体の大きな課題である。その意味でも、附属機関の設置根拠が規則ではなく条例に置かれていることには貴重な意義がある。設置条例案の審議を通して、附属機関のあり方に対する議会のより一層の関与が必要となっている。

4　附属機関の答申と議案の審議

　附属機関の存在やその用い方が、議会やパブコメなどにおける広範な住民の意見の反映を阻んでいる弊害もある。議会での議案の審査において、執行機関側が具体的な回答に窮した際などに「この案については審議会の答申を得ています」などと答弁することがある。

　しかし、「審議会の答申である」こと自体を、議案の正当性の説明として持ち出すことには理由がない。附属機関は長などの執行機関の内部機関である。答申の存在は、長の議案作成の過程に過ぎない。

　また、住民の意見の総意でもない。審議会の答申を経ていてもそうでなくても、その内容についての具体的な説明責任が、長や担当の執行機関にはある。「専門家の見解を得ています」という答弁も同様の問題がある。専門家の助言内容を執行機関が理解し、自分の言葉で議会に説明できなければならない。

　附属機関の答申や専門家の見解を、住民の代表である議会の疑義を封じる切り札であるなどと誤解してはならない。

5　専門家などの活用における課題

　専門家や研究者を附属機関の委員として起用する場合は、主体性を持って、彼らの協力を得なければならない。留意点を列挙する。

（1）能力と専門領域

　それぞれの専門家の研究領域は、概して深く狭い。よって、自治体の需要（諮問内容）に、そのまま合致することはない。

第13章　附属機関（選定委員会）の設置と運営

なお、指定管理者制度や公共施設関係の研究者は、事例の収集を中心に社会学的、政策学的な研究を行っている者が多い。制度自体の総体的な理解については、注意が必要である。彼らが紹介する先進事例については、必ず法的な正当性の検証が必要である。

（2）実現性

専門家の知見が、現在の法制度や社会的なしくみにおいて、実現可能なものであるとは限らない。むしろ、実現性を軽視した独自の概念を打ち立てて、その説明に終始する者も少なくない。要するに、自分の「夢の話」をしている部分もある。彼の夢については彼が一番、詳しいのは当たり前であり、お伺いを立てて、そのお考え（夢）の披瀝を受けることに意義は見出し難い。

他の委員（特に住民代表）が、彼独自の難解な概念や理論を理解しようとしているうちに、期間が経過してしまうようなことにならないよう、くれぐれも配慮が必要である。難解である理由は、高尚さではなく、その独自性にあるため、周りの委員は、およそついていけない。専門家が言い放つ、「それは、そういう意味ではない」の「それ」は彼しか知らない、彼しか理解できていない事柄なのである。

例えば、「協働」などは、専門家の数だけその定義がある。協働という実体的な社会現象・制度を研究しているようで、その実、「協働」という言葉を自分の理想に合わない社会的協力形態に対し、「それは協働ではない」と断じるための道具として、スペードのエースのように使っているに過ぎない場合もある。

（3）客観性

総じて、専門家は、自己の研究領域が他の学問領域とは独立した閉鎖的な価値の体系を有していると主張しがちである。これは、自分の研究成果についての、社会における客観的な価値や有用性が理解できていないことを意味する。また、あらゆる場所や場面にも有効に機能する普遍的なパラダイム（ものさし、基準）を見出すことに懸命になる。いうまでもなく、そのようなものは存在し得ない。

自己の研究領域を俯瞰的に、相対的に、皮相的に把握している専門家を採用することが好ましい。「どんな対象にも役に立つわけではない」「あくまで私論（の部分）である」と自己批評できる専門家こそが役に立つ。

（4）自己達成

　附属機関の委員に就任することを、研究成果を実現する機会であると捉えている専門家も少なくない。真摯な取組によって、そうなることは好ましいが、自己の達成自体を目的としていることが明らかになった場合は、断固、その目論見は阻止しなければならない。自治体によっては、研究者の考えを丸呑みしている例もあるが、数年後に確実に迎えることとなる後始末の作業は悲惨である。

　専門家の提案をそのまま取り入れることは、それが何であれ、絶対的な禁忌である。専門家の活用意義は、その考え方や結論ではなく、彼らが持っている客観的な資料や経験（データ）にある。

　専門家である委員の研究成果に、附属機関の主題や結論を合わせるようなことを生じさせてはならない。専門家が研究成果を自治体にそのまま持ち込もうとすることは、その自治体を甘く見ている、あるいは、侮蔑している（この場所なら自分の言いなりにできるだろう）ことをも意味する。

　自治体職員として、プライドを持って対処されたい。最終的に犠牲になるのは、住民であることも心に留めておかれたい。

（5）社会性

　社会性やコモンセンスのある専門家は、自らが研究によって獲得した知識のうち、どの部分が専門的な価値がある知識（学識）であるかを把握した上で、社会に供給できる。得た知識を社会的な付加価値という基準を持って、ふるいにかけるセンスを持っている。

　一方、得た知識のすべてが自らと一般を差別化する材料になる、要するに「世間は○○については、何も知らない」と誤信している「○○」の専門家も存在する。自分が持っている知識のうちの「真水」の部分が、認識できていないのである。彼らの話は無用にくどく、会話が噛み合わない。知識を引

き出すのに時間がかかりすぎる。

　また、ほかの委員に対する配慮などの社会性（例：目上の公募委員への対応）も、専門家の委員に必要な資質である。

Ⅲ　復習とさらなる理解のために

委員の活用における課題

　附属機関の運営は、スムーズにいかないことも少なくない。事務局としては頭を悩ませる。原因をいくつか挙げてみる。

〔先進性へのこだわり〕

　まず、会の円滑な議論を阻むのが、一部の委員の「こだわり」である。委員の中には、他の自治体よりも優れた先進的な案を作ることにこだわる者が出てくる。いわゆる「○○マニア」である。

　「マニア」のこだわりの内容の多くは、自分が考えたものが元になっているわけではないようである。誰かの著述の受け売りや「先進」と評価されている自治体の模倣である。自分自身の考えではないので、他の委員の意見を取り入れて変更することができず、議論の中で成長して（意見が変わって）いかないという傾向がある。

　彼らは、「自分が社会的に最も評価の高い事例を知っている」ことを（どこかの場所で）言いたいだけであり、また、それで委員の役割が果たせると誤解しているようである。目標や課題に向き合って行動するのではなく、周囲と自分とを差別化して、その場の自己満足を得るという行動様式で固まっている。

〔「先進事例」の意味〕

　そもそも、マニアの存在以前に、他の自治体の先進事例は、専門家などに評価されたり、何かのきっかけでマスコミに喧伝されたりしたに過ぎないものが多いようである。必ずしも、まちづくりにおける実効が検証されたわけではない。「先進的」は、一部における印象的な評価にすぎないことも多い。

単なる「先行事例」である。

　委員は、先進的かどうかに囚われずに、「大多数の住民が何を望んでいるか」を常に考える必要がある。イメージとしては、「イタコ」になるとよい。各委員に住民が憑依する。そして、「これが、我がまちには絶対に必要だぁ！」と委員に言わしめる、つまりは、委員会が恐山になることが望まれる。その環境づくりが事務局の役割なのである。

　「先生」「委員」と敬意を払いつつも、節目において機を逃さずに、設置者にふさわしいイニシアティブを発揮しなければならない。

〔議論の循環〕

　附属機関においては、よく、「議論の循環（ぐるぐる回り）」が起こってしまう。原因の多くは、定義（外延）と具体的内容（内包）とを同時に議論してしまうことにある。「AはBであるかどうか」のような議論をする際には、次のような順序建てが必要となる。
①　Bの定義にどんな意味を与えるべきなのか（Bの外延）
②　①で決定したBの定義にAが含まれるのかどうか（Bの内包）
にもかかわらず、①と②を一緒に、つまり、XとYの2つの解を一次方程式で解くような議論が展開されがちである。

　例えば、「直売所が公の施設かどうか」の意見の対立においては、
・　そもそも公の施設の定義についての見解の相違なのか（①外延の問題）
・　その直売所のあり方についての意見の相違なのか（②内包の問題）
が明確にならなければ、議論は収束しない。

　そこで、「①住民の利用ではなく、観光客の利用が主である施設は公の施設に含まない」と、公の施設の外延を決定しておけば、あとは、「②その直売所の主な目的は住民の利用（生産者の販売）か、あるいは、観光客の利用（休憩、飲食など）にあるのか」の内包を議論すればよいことになる。

〔「心の辞書」の必要性〕

　附属機関での議論では、各委員が心と頭の中に同じ辞書（言葉の定義）を持っていなければならない。そうしなければ、議論は収束ないし、せっかく

合意を得ても、「私はそういう意味で賛成したのではない」と後から不満が生じ、紛糾が起こりかねない。その辞書の作成は委員長と事務局との重要な仕事である。

指定管理者制度における損害賠償

　指定管理者が管理する公の施設において、従業員のミスによって住民（利用者）に損害が発生した場合、指定管理者がその損害を負担すべきであると考えられる。

　しかし、被害者の権利を保障するため、指定管理者ではなく自治体が賠償責任を負うという、法的なしくみが用意されている。

Ⅰ　まずは、制度を理解しよう

1　損害賠償制度についての基本的な考え方

　自治体の損害賠償責任の根拠である国家賠償法や民法は、税の賦課や許可などを行う際の根拠法（例：地方税法、公の施設の設置管理条例）のように、自治体の判断である行政処分の前提となっているものではない。あくまで、当事者の合意や裁判によらなければ結論を出すことができない、自治体と住民との賠償責任をめぐる問題を解決するための調整の道具である。

　税は、地方税法に基づいて賦課する（地方税法がなければ税は賦課できない）。税額も法定されている。一方、住民への損害賠償は、行うことを当然の前提として、その大まかな考え方を国家賠償法や民法が示しているにとどまる。税の賦課と賠償とでは、その根拠である「法に基づく」ことの意味合いが大きく異なるのである。

　自治体が、国家賠償法に基づく「賠償決定」という行政処分によって、賠償問題を解決できるわけではない。国家賠償法や民法は、税の賦課における地方税法のような「根拠」ではないのである。その意味において、自治体の損害賠償責任の根拠というものは存在しない。

　よって、自治体が住民に対して行うべき損害賠償の内容は、国家賠償法や

民法の条文から具体的な内容を導き出すことができるわけではなく、裁判例や行政実例から類似の事故の傾向を把握していくしかない。

本書でも、指定管理者が管理する公の施設における住民の損害についての賠償責任に関する基本的な考え方を示すにとどめる。

2　住民への賠償責任についての基本的な考え方

指定管理者が管理する公の施設（以下「指定管理施設」という）において、指定管理者の従業員のミスによって、住民に損害が発生した場合、自治体ではなく原因者である指定管理者が賠償責任を負うべきであると考えられる。これは、指定管理者制度の運用において、自治体と指定管理者との間で達成されるべき正当な結論（正義）である。

しかし、指定管理施設においても、直営のときと同じように、住民との法律関係（利用関係）は、住民と指定管理者の間ではなく、自治体と住民との間に発生する。公の施設の管理を行うに当たって、指定管理者は、長、教育委員会又は企業管理者と入れ替わって、自治体の機関（権限の主体）の立場を持つからである。自治体（権利義務の主体）と入れ替わるわけではない。

よって、住民への賠償責任は自治体が負うことになる。自治体と指定管理

●指定管理者の法的立場（権限の委任）

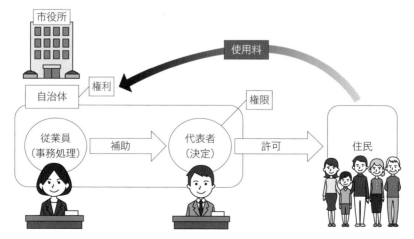

者間の権利義務の確定よりも、まずは、被害者である住民の権利が保護されなければならない。

そこで、住民への損害賠償は以下の過程で実施されることになる。
① 自治体が住民に対して賠償する。
② 自治体が賠償額を指定管理者へ請求（求償）する。

なお、損害賠償責任の法律関係においては、指定管理者制度による委託の場合でも業務委託の場合でも、基本的には違いはない。よって、「指定管理者」を業務委託契約の受託者に置きかえて理解してもかまわない。

●指定管理者制度における損害賠償の実施

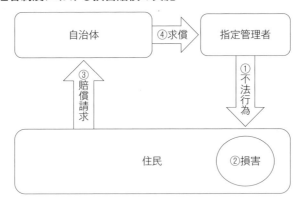

3　許可事業（利用行為）の実施における賠償責任

指定管理者が、使用許可や目的外使用許可を受けて事業を行った場合、その事業は、自治体から委託を受けて、指定管理者として行ったものではない。利用者として行った事業である（利用行為）。よって、自治体には賠償責任は発生しない。

例えば、直売所で販売した食品によって食中毒が発生した場合、賠償責任を負うのは、自治体や指定管理者ではなく、使用許可を受けてその食品を販売した施設の利用者である。同じように、許可事業（利用行為）においては、指定管理者は管理者ではなく利用者の立場に立つ。

言い換えれば、いわゆる「自主事業」であっても、許可手続を経ていなけ

れば、外形的には管理行為（指定管理者として行っている）と見なされ、自治体に賠償責任が発生することになる。

本書で繰り返し指摘しているが、住民への損害賠償に限らず、定義のない「自主事業（かどうか）」というくくりで課題を発見し、その解決策を見出すことは不可能である。「自主事業」は意味を持たない。

II 実務の改善のために

1 許可事業（利用行為＝非指定管理業務）であることの明示

許可事業（利用行為）の実施において、責任の所在を明確にするには、単に許可手続を経るだけでは不十分である。指定管理者の正式名称以外の屋号などを商品のパッケージやイベントのチラシに使用するなど、指定管理者として行っているのではない（自治体が委託した業務ではない）ことを明示する必要がある。

2 自治体から指定管理者への求償

「求償」とは、法令や契約の規定に従って被害者に仮払いをした者が、真に責任を負うべき者にその負担した額を請求することである。

指定管理施設において発生した損害については、自治体が住民に支払った賠償額を、自治体と指定管理者との責任割合で按分した上で、自治体から指定管理者に求償することになる。以下に、自治体が住民に賠償した場合における按分割合についての基本的な考え方を示す。

なお、指定管理者が許可を受けて行った事業の場合は、原因者である指定管理者が住民に直接賠償することになるので、自治体と指定管理者との間に求償関係は発生しない。

(1) 人的な事務の場合（例：違法な不許可、警備員による暴行）

損害のすべてが、当該行為を行った指定管理者の従業員の過失に起因することは明らかである。よって、自治体が住民に賠償した全額を指定管理者に請求しなければならない。

（2）物的な事務の場合（例：エレベーターの不具合による事故）

　公の施設の欠陥や不具合を発見して、事故の発生を予防し、利用状況に応じた施設の安全性を確保することができる立場にあるのは、現場にいる指定管理者の従業員だけである。

　よって、通常の場合、損害が発生する原因となった過失は指定管理者の従業員にあり、指定管理者からの施設の瑕疵についての報告、修繕要請などを放置した場合や誤った指示によって損害が発生した場合などにおいてだけ、自治体側にも過失があると考えられる。

〔自治体と指定管理者との「守備範囲」による賠償〕

　ここでは、「自治体は施設の設置者であり、指定管理者は管理者である。したがって、管理上のミスによる損害は指定管理者が負い、設置上の欠陥による損害は自治体が負う」という紋切り型の観念的な区分には意味がない。

　設置（本体）の瑕疵を設置者に連絡せずそのままに放置していたことや設置の瑕疵によって生じた危険を避けるための措置を講じなかったことも、管理の問題として捉えられる。設置の瑕疵は同時に管理の瑕疵である場合が多いのである。極端にいえば、施設にどんなに危険かつ重要な瑕疵があってもそれを発見し、施設を閉鎖すれば「本来有すべき安全性」は確保できる。

　あくまで個別具体のケースにおける、指定管理者と自治体それぞれの設置や管理についての「守備範囲」により、賠償責任が決定されることに留意すべきである。

（3）加害従業員への求償

　自治体から指定管理者への求償が行われた後は、さらに、指定管理者から加害従業員（原因者）へ求償することが考えられる（民法715Ⅲ）。しかし、使用者（指定管理者）から被用者（指定管理者の従業員）への求償は、裁判例では大きく制限されているようである。

　従業員の働きによって日常的に利益を得ておきながら、従業員ミスによって損害が発生したときは確実に従業員に請求する、というのではまるで「ブラック企業」だからであろう。

（4）賠償責任についてのまとめ

　損害発生の原因となる人的、物的な管理上のミスを発生させるのは、実際に管理を行っている指定管理者の従業員である。また、施設の構造上の欠陥についても、それを発見できるのは同じく指定管理者の従業員だけある。よって、指定管理施設における事故については、指定管理者が損害を負担しなければならない。

　そこで、協定書において、「施設の構造上の欠陥を発見した際は報告すること」を明記することが必要である。それによって、施設の欠陥による事故を未然に防ぐとともに、施設の「（管理ではなく）設置の瑕疵」であっても「（設置者ではない）管理者」である指定管理者に負うべき責任を確実に負わせることができる。

　指定管理者が損害賠償責任を果たす手順は、以下のようになる。

　①　住民（利用者）に損害発生
→②　利用者から自治体への賠償請求
→③　自治体による利用者への賠償
→④　自治体から指定管理者への利用者に支払った賠償額の求償
→⑤　指定管理者から自治体への支払

（5）保険加入の必要性

　指定管理者の賠償能力を担保するためには、
①　指定管理者に損害賠償保険（保険）の加入を義務付ける
②　自治体が加入する保険に指定管理者を被保険者として加える
のいずれかの措置が必要となる。自治体が一括して保険契約を行うこととなるため、②の方法がより適切である。

　保険会社の中には、自治体が直営する場合における保険と比べて、「被保険者が２人（自治体と指定管理者）になるので保険料を増額しなければならない」というおかしな理解をしている者もいる。どのような管理形態でも施設は一つなのだから、事故発生のリスクは変わらない。保険料を増額する理由はない。

　地方自治法や国家賠償法などの行政関係の法令は、保険会社などの民間団

体にとっては、極めて難解である。保険会社が指定管理者制度について、誤った理解をしていることも少なくないので、彼らに対する適切な説明によって有効な保険を選択・開発しなければならない。

3　損害賠償制度の実質的な意義

　自治体と住民とが賠償額や自治体の賠償責任の有無をめぐって、裁判で争うこととなった場合、裁判所は、「過失の量」だけではなく、「損害の量（程度）」も勘案して判断する。

　国家賠償法をはじめとした損害賠償の制度は、被害を発生させた責任の所在を明確にすること自体が目的ではない。社会においてはさまざまな損害が発生し、だれもが加害者にも被害者にもなり得る。また、事故による損害の発生を完全に防止することは困難である。よって、被害者にとっても加害者にとっても事故に遭遇したことは、必然的な要素だけによるものではない。

　そこで、国家賠償法などの損害賠償制度は、被害者の損害を社会において公平に分配し、被害者を救済することを目指している。よって、裁判所は自治体に比較的過失が少ない場合でも、発生した損害が重大であれば、自治体を被害の当事者であることとは別に、被害者の救済機関と位置付けて、「国家賠償法上の過失（瑕疵）があった」と認定し、賠償を命じる場合もある。

　その意味でも、指定管理者に対する事故の予防についての指示・指導は重要である。

4　「偽装請負」の意味

　受託者（ここでは指定管理者）の従業員に対し、派遣を受けた職員に対するような直接の指示を行うことはできない。労務管理における責任や手間が発生することを回避して、都合よくその従業員を使用していることになるからである。これが、「偽装請負」である。

　従業員において不適切な業務実態があるのならば、その公の施設に適用される法令や条例・規則、さらには、指定の際の協定（法的には委託契約の効果を持つ）の内容に違反していることを根拠として、指定管理者の責任者に是正を求めることになる。

そもそも、派遣法の規定を待つまでもなく、自治体は指定管理者との間で「従業員の派遣」を契約したわけではなく、「公の施設の管理」を委託したのであるから、自治体が指定管理者の従業員に対して、直接に恒常的な指示や指導を行うことができないことは、いうまでもない。

指定管理の場合に限らず、しばしば発覚する自治体による偽装請負を防止するためには、法律（派遣法）に違反するかどうかという視点だけではなく、契約（指定＋協定）内容に従えば、自治体は従業員との間に法律関係がないので指示・指導はできない、という当然の理解を持つことが大切である。

もちろん、自治体職員が巡回した際に目に付いた、従業員における不適切な行為や公の施設における不適当な物の配置などについての軽易な指示・指導まで制限されるわけではない。

5　施設の損傷についての賠償責任

住民への賠償責任ではなく、指定管理者が、管理する公の施設を損傷した場合にも、当然、賠償責任を負う。これは、契約（協定）違反に基づいて当然、指定管理者が負うべき賠償責任である。設置管理条例に規定するまでもないが、重要な事項であるため、確認的に規定している例が多い。ここでは、不適当な例を２つ挙げる。

【例１】

> （指定管理者による損害賠償）
> 第９条　指定管理者は、故意又は過失により施設の設備等を損傷し、又は滅失したときは、その損害を賠償しなければならない。
> （利用者による損害賠償）
> 第20条　第９条の規定は、利用者について準用する。この場合において、「指定管理者」とあるのは「利用者」と読み替えるものとする。

指定管理者と利用者は、施設を損傷させた場合に、自治体に対して損害賠償を負う点では同じであり、また、それを表す条文上の表現も同じになる。よって、この準用は間違いがなさそうに思える。

しかし、利用者と指定管理者（管理者）とでは法的な立場が違う。カウンターを挟んで向い合う正反対の関係である。同じように施設を損傷させても賠償すべき範囲が異なる。当然、指定管理者の方が損害賠償の範囲は広い。

よって、準用にはなじまない。同じ条文で表現できるが、解釈された後の実質的な意味や内容が異なる。条例案は、実際に適用される場面を想定しながら作成しなければならない。

【例2】

> （損害賠償）
> 第15条　会館の施設、備品等を汚損、毀損又は滅失した者は、町長が定めるところによりその損害を賠償しなければならない。ただし、町長は、やむをえない事由があると認めたときは、賠償額を減額し、又は免除することができる。

損害賠償の額を減免するには、議会の議決又は条例の定めが必要である（自治法96Ⅰ⑩）。しかし、この条例の規定は、町長に減免の判断を任せ過ぎており、「条例の定め」の法定要件を満たさない。この規定があっても、公の施設における損害賠償責任を減免するためには、議会の議決が必要であると考えられる。

Ⅲ　復習とさらなる理解のために

1　自治体が負うこととなる「無過失責任」とは

エレベーターの事故など、施設の管理の不具合によって発生した住民の損害については、自治体は、国家賠償法2条によって「無過失責任を負う」と専門書には書かれている。

では、予測できない災害などによって発生した施設の破損による住民の損害についても自治体は賠償責任を負うのだろうか。

第14章　指定管理者制度における損害賠償

〔**「無過失責任」は、「過失なし」ではない。**〕

◎国家賠償法
第１条　国又は公共団体の公権力の行使に当る公務員が、その職務を行うについて、故意又は過失によつて違法に他人に損害を加えたときは、国又は公共団体が、これを賠償する責に任ずる。
第２条　道路、河川その他の公の営造物の設置又は管理に瑕疵があつたために他人に損害を生じたときは、国又は公共団体は、これを賠償する責に任ずる。

　国家賠償法２条に規定されている「瑕疵」については同法１条の「過失」ではないことから、「無過失責任」と呼ばれることがある。日常生活では、「無過失責任」といえば、何の落ち度やミスがなくても発生した損害について責任を負う、といういわゆる「結果責任」を指す。
　しかし、誤解してはいけない。ここでいう「無過失責任」とは、公の施設の管理において、住民に被害が発生すればすべて責任を負わなければならないという、「結果責任」のことではない。
　例えば、ゴジラが来襲して体育館が倒壊し、住民に被害が発生しても設置者である自治体に賠償責任は発生しない。「予測ができない」「回避できない」損害については、誰も賠償責任を負わない。
　権力的事務を対象とした国家賠償法１条における「過失」よりも小さなミスによる損害についても責任を負うという意味において、「過失」ではなく「瑕疵」と表現されているのである。財産管理における自治体の責任は、ほかの事務における責任よりも重く、また、範囲が広いということであり、結果責任を意味するものではない。
　「過失」も「瑕疵」もどちらも、一定程度以上のミス（落ち度）を指す。例えば、すべてのミスを10段階で表すと、１～２が賠償責任なし、３以上が瑕疵あり、５以上が過失ありというイメージになる。賠償責任における「過失」や「瑕疵」は質的な用語（すべてのミスや結果責任を指す）ではなく

量的な用語（それぞれ一定以上のミスを指す）なのである。

「過失」や「瑕疵」に限らず、法令用語は固有の意味を持っている。制度やあるべき結果を表すために条文上の用語が決められる。その用語や伝えられ方がたまたま、日常的に使っている用語（無過失）であったとしても、それは偶然であり、「辞書読み」（過失＝すべてのミス、無過失責任＝結果責任）は厳禁なのである。

2　自治体における和解の意義

指定管理者の行為によって発生した住民（利用者）の損害を自治体が賠償するに当たっては、主に2つの方法によって最終的な解決が図られる。一つは裁判（判決）、もう一つは和解である。

和解とは、加害者と被害者とが裁判によらずに、あるいは、判決を得る前に、互いに歩み寄って賠償額を決定することである。契約の一つであり、法的な効果（権利義務の確定）がある。

和解は、自治体において多く用いられている。議会における議案書や報告書を確認されたい。大きな自治体では、毎議会のように和解や損害賠償の案件が上げられていると思う。

なお、地方自治法における和解と損害賠償との区別は、制度上も実務上も明確にはされていない。どちらも、自治体が被害者へ賠償するものである。前者は歩み寄り、後者は一方的だとされている。しかし、自治体が賠償金を支払う際には、被害者との間で常に何らかの歩み寄りがなされているはずである。相手が交渉のテーブルを叩いた回数で区別しているのだろうか。それぞれの自治体の例を確認されたい。

民間団体は、時間と費用のかかる裁判よりも、なるべく和解によって解決しようとする。自治体の顧問弁護士も和解によって、早期のかつ比較的簡便な解決が図られるように誘導する。

〔**自治体における和解の意義**〕

公立病院で医療事故が発生した場合の和解を例に挙げる。そこでは、被害者の被害の程度だけではなく、被害者が要求する金額の多寡、主張の強さや

成熟度（弁護士の有無や手腕）などによって賠償額が各々決定されていく場合もあるようだ。

　民間病院であれば、これで何の問題もないだろう。しかし、公立病院は公の施設である。相手は住民である。賠償金は公金だ。賠償金の支払いも、自治体が行う公の施設の管理事務の一環である。

　にもかかわらず、同じ程度の被害において、相手の出方や交渉のし方によって、自治体が住民に対して行う作用が異なってもよいのだろうか。税金の額を交渉で決定していることにも擬せられる。また、和解における弁護士との打合せにおいては、民間団体であれば企業活動として許されても、自治体の場合は公益通報の対象となるような内容も含まれているかもしれない。「不利益な証拠は出さない」ことが、民間企業と同じように許されるはずはない。これは、民事訴訟法の規定がどうのこうのという問題でない。

　被害者への早期の償い（それは決して、「救済」ではない）のためにも、和解という解決手段は必要である。しかし、そこでは、民間団体における和解とは異なる、「自治体における住民への公金支出の原因」としての和解であることについての理解が欠かせない。そのことは、弁護士からは学べない。民事訴訟においても、自治体は単なる一方当事者ではない。

〔「パンダ和解」〕

　民間と自治体との和解における違いが、もう一つある。それは、和解の目的である賠償金額を決定する際に、法律や条例の解釈が争点の一つになる場合が多いということである。

　例えば、目的外使用許可で設置された自販機の使用料について、自治体が年間20万円を徴収していたところ、業者が、「使用料条例の適用条項が違う。年間10万円であるはずだ」として、差額の返還を求めて訴えてきたとする。早期に解決を図りたいところでもある。

　しかし、両者の主張の金額の間、例えば15万円での和解などを決してしてはならない。ここでは、使用料条例の解釈が争点である。「両者の間をとって」は、民間ならば和解の常套手段であろう。でも、自治体の場合は違う。条例のどこにも規定していない、条例をどのように解釈しても出てこない結

論(「使用料は15万円」)を確定してしまうということを意味する。それは、「和解による違法行為の創出」である。

そんな和解をするのなら、むしろ、全面敗訴して業者の主張が通った方が、行政における適法性と平等性は確保できる。「15万円の支出」は、自治体がここまでに行ってきた財産管理行政の否定でもある。

「このくらいの金額で和解しておいた方がいいですよ」という、民間での事例に通じた弁護士のアドバイスについては、じっくりと本当にそれでよいのか、自治体職員として考えてみていただきたい。

法的な争点を「どちらともいえない」と棚上げしてしまう、白でも黒でもないパンダのような和解は、「自治体の和解」ではない。

3　つぶれたおはぎの責任は？～利用者への損害賠償責任～

これは、実話である。F県のO町の道の駅S館で、町を揺るがす大事件が起こった。O町で和菓子を製造販売している男性Aが、同業者のBさんが出品していたおはぎを握り潰したとして、器物損壊の疑いで現行犯逮捕されたのである。

「ライバル店のおはぎ握り潰す！器物損壊容疑で男逮捕！」と地元紙で大きく報じられた。犯行の動機は、Bさんのおはぎばかりが売れるので腹が立った、自分のおはぎが売れ残るのはBさんのせいだと思った、ということらしいのだが、真相は彼にしか分からない。

握りつぶされたおはぎは、売り物にはならない。Bさんには損害が発生している。仮にその額を5,000円だとする。では、この5,000円は誰が賠償すべきだろうか。

ここで、この「事件」をめぐる法律関係を整理してみる。

　　S館は、地元団体のX会に指定管理委託されている。
- 　O町……指定（行政処分）→X会
- 　X会……使用許可（行政処分）→加害者A
- 　X会……使用許可（行政処分）→被害者B

指定管理者制度においては、X会はO町の執行機関としての立ち位置を持

つ。よって、基本的には、X会の落ち度による利用者の損害については、O町が賠償責任を負う。

この事件では、物理的な（可視的な）加害者はAさんだけある。しかし、X会の行ったBさんへの許可を通して、O町は使用料を支払って出品しているBさんの利益を守る義務を負っている。契約上の義務だと考えても構わない。よって、法的には、O町もAさんと一緒になっておはぎを潰したことになる。

結論としては、Bさんは、O町とAさんの双方に損害賠償請求ができると考えられる。指定管理者のX会はBさんに直接の賠償責任は負わない。しかし、O町がBさんに賠償した場合は、その賠償額をO町から請求（求償）されることになる。O町は、加害者のAさんにも求償できる。

賠償の道筋として考えられるパターンは以下のとおりである。

① 　BさんがO町に賠償請求
　→O町がBさんに賠償
　→O町がX会に求償
　→X会がO町に賠償
　→X会がAさんに求償
　→AさんがX会に賠償
② 　BさんがO町に賠償請求
　→O町がBさんに賠償
　→O町がAさんに求償
　→AさんがO町に賠償
③ 　BさんがAさんに賠償請求
　→AさんがBさんに賠償

〔損害賠償問題の実際〕

ここで、損害賠償問題の複雑さについて触れておく。

X会は住民に対して、直接には賠償責任は負わないと考えられる。しかし、仮に、裁判においてBさんがX会に賠償を請求し、X会がそれに応じた場合どうなるだろうか。「X会に賠償責任はない」とは、裁判所はおそらく判断

しないだろう。損害賠償の問題は当事者主義で解決が図られる。当事者が納得すればそれでよいのである。よって、裁判の結果が、法的な結論に至るとは限らない。

　税の賦課や住民票の写しの交付はそうはいかない。「当事者がよければそれでよい」ということにならない。客観的に、適法違法が判断される。

　よく、「判例（裁判例）で、○○について賠償責任が認められた。だから、本件も……」とすぐに裁判所の判断を一般化しようとする人がいる。しかし、結論だけではなく、当事者がどのような主張を行ったのか、法的に可能な最大限の主張（すべての裁判において、それができる能力を持った弁護士が付いていたとは限らない）をした上での判決なのかを確認してから参考にする必要がある。その作業は相当に困難ではあるが。

　潰れたおはぎを、施設の瑕疵による利用者の怪我に置き換えることもできる。指定管理者が管理する公の施設における事故は、法律関係がややこしいので、賠償責任の所在についてシュミレーションしておくことも大切である。

第 3 部

Q&A編
―100のチェックポイント

Q1 「自主事業」の実施方法は？

　本町では、地元の農産物の販売を促進する目的で、公の施設としてY物産館を設置している。Y物産館は、販売コーナーをメインに、トイレや休憩所が付属しており、X団体が指定管理者である。

　X団体に対しては、町の委託料の支出を抑えるため、特産品の販売、自販機の設置などの、いわゆる自主事業を積極的に行うよう指導している。

　一般の団体や個人が、Y物産館で物販を行うには使用許可が、また、自販機を設置するには、目的外使用許可が必要である。

　そこで、X団体にもこれらの許可を申請するよう求めたところ、「自分たちは『管理者』なので、許可手続や使用料の支払いは必要ないはずだ」と反論された。

　X団体の主張のように、指定管理者が公の施設において自主事業を実施する場合、許可手続などは必要ないか。

解説

　指定管理者が管理している公の施設では、物販、自動販売機の設置、イベントの実施など、指定管理者のスキルや発案で行っている事業、いわゆる「自主事業」が広く行われている（以下「自主事業」という）。自主事業の実施に必要な手続について解説する。ポイントは、「管理と利用との区別」である。

チェックポイント1-1　自治体で公の施設の管理が行われるしくみは？

　まずは、指定管理者であるX団体のY物産館における法的な立場について検討する。自治体が、公の施設を直接管理する場合は、
① 自治体の事務（しごと）であり
② 執行機関である長又は教育委員会が権限を持ち
③ 補助機関である職員が実務に当たる
というしくみで行われている。

　なお、長の補助機関である企業管理者も、公の施設の管理権限を持ってい

るが、ここでは省略する。

[チェック ポイント1-2]　**公の施設の管理における指定管理者の法的な立場は？**

このしくみの中で、当該施設の管理を民間団体などに委託するのが指定管理者制度である。よって、指定管理者は公の施設の管理を自治体から受託するに当たって、

① 自治体（法人）
② 長又は教育委員会（執行機関）
③ 職員（補助機関）

のいずれかの地位を譲り受けることになる。

①～③のうちどの地位を指定管理者が得るのかについて、指定管理者制度の根拠法である地方自治法には、明文の規定はない。

しかし、指定管理者制度の設計や導入の経緯、そして、指定管理者制度が設けられた時点ですでに存在し、あるいは、実務上認められていた一般的な委託（業務委託）や自治体間の委託制度である事務の委託（自治法252の14）との比較から、指定管理者は「②執行機関（長や教育委員会）」の立場にあると判断される。

●指定管理者の法的な立場（権限の主体）

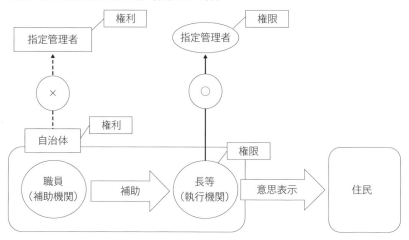

指定管理者は、委託された公の施設の管理権限を持っている、自治体の「小さな執行機関」になるのだ、と考えれば分かりやすい。

[チェック
ポイント1-3] **指定管理者の行為の法的な効果はだれに帰属するか？**

例えば、長の権限において職員が徴収した住民税は、長のものではなく自治体のものになる。長や教育委員会は、その権限を行使するに当たっては、住民との関係において、権利や義務を負うという意味での人（人間あるいは法人）ではない。あくまで、自治体の機関（≒人間の器官（頭、手足など））である。

指定管理者も、長や教育委員会の権限を担うのだから、基本的には、長や教育委員会がそうであるように、指定管理者が住民に対して行った行為の法的な結果、つまりは、権利や義務（利益や損失）は、指定管理者という団体ではなく、自治体に帰属することになる。指定管理者が使用料を徴収する場合、それは、自治体の代わりに徴収するものであり、徴収した使用料は、指定管理者ではなく自治体に帰属する。

この「使用料は、指定管理者ではなく自治体のものになる」ことは、「使用料を自治体と指定管理者のどちらのものとすべきか」という、制度（政策）上の結論ではない。指定管理者が自治体の機関の立場にある、つまりは、公の施設の管理を行うに当たっては、自治体のような権利や義務を持つ法人という地位には立たないということから導かれる原理的な結論である。

よって、使用料を指定管理者のものとする利用料金制度（自治法244の2 Ⅷ）は、単に公の施設の利用の対価の帰属を、自治体（使用料）から指定管理者（利用料金）に移行させるという意味での制度的（平面的）な例外にとどまるものではない。公の施設の管理においては、料金を得ることができる権利義務の主体ではなく、自治体の機関に相当するに過ぎない指定管理者に収入を帰属させるという、いわば、「原理的（立体的）な例外」であるということも、ここで理解されたい。

ただし、指定管理者が物品の購入や賃金の支払いなどをする場合は、指定管理者固有の住民に対する作用ではなく、団体としての一般的な経営上の営みであるから、指定管理者自身にその効果（権利義務）が帰属する。

Q1 「自主事業」の実施方法は？

●指定管理者の法的な立場と自主事業における収入の帰属

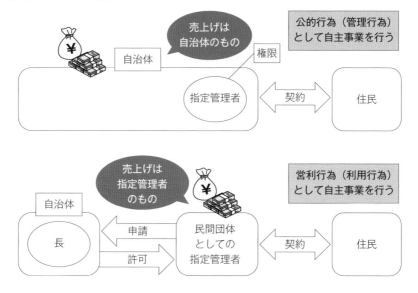

[チェック ポイント1-4] **指定管理者が施設を利用する際は「管理者」か？「利用者」か？**

　指定管理者は、一人の住民として施設を利用することもできる。その際は、同じ「X」であっても、「指定管理者としてのX」ではなく、「利用者としてのX」であることになる。

　二つのXは、法的な立場が全く違う。法的には（権利義務の世界においては）、「指定管理者としてのX」と「利用者としてのX」とは全く「別の人」なのである。

　以上のように、公の施設における、指定管理者である団体のさまざまな行為は、「管理」と「利用」のどちらかに評価される。

　この「指定管理者は、①管理者、②利用者の二つの立場を持つ」というしくみを理解することは、指定管理者制度の運用におけるさまざまな課題を解決し、また、誤った運用を解消するための重要なポイントである。

[チェックポイント1-5] 指定管理者が事業を行う方法は？

指定管理者が、公の施設において事業を行う際は、次の3つの実施方法がある。
A　管理者として行う（指定管理者の判断）
B　施設利用者として行う（使用許可）
C　特許利用者として行う（目的外使用許可）

[チェックポイント1-6] 自主事業の実施方法は？

指定管理者が、公の施設において自主事業を行う際には、1-4の「①管理者、②利用者」のそれぞれの立場と1-5のA～Cの3つの行為の組合せによって、実施方法が決まる（1-7以下）。

[チェックポイント1-7] 管理者として自主事業を行う場合の手続と効果は？

管理者として自主事業を行う場合は、以下のようになる。
・　事業の対象は問わない（X団体の自主事業においては特産物販売、自販機設置の双方とも対象）
・　管理者としての判断で行う
・　使用料や利用料金の支払いは不要
・　事業による収入は自治体のもの

公の施設の設置目的を果たすための事業となるので、許可や使用料の支払いは必要ない。職員が庁舎で机や椅子を使って仕事をする際に、許可や使用料の支払いが必要ないのと理由は同じである。指定管理者が行っている清掃や案内と同じ意味で、施設の設置目的を果たすために必要な管理行為の一環として自主事業を行う。指定管理者は自治体の機関として行うことになるので、事業収入は自治体に帰属する公金である。

Q1 「自主事業」の実施方法は？

●指定管理者の自主事業と手続・効果（販売施設の例）

法的立場	実施方法	必要な手続		対象事業の例	収入の帰属
		許可申請	使用料 利用料金納付		
Ⅰ指定 管理者	A 管理者型	不要	不要	・自販機設置 ・イベント実施 ・物販	自治体
Ⅱ利用者	B 施設 利用者型	要（指→指） ＊使用許可	要（指→自治体） ＊利用料金は不要	物販	指定 管理者
	C 特許 利用者型	要（指→長） ＊目的外使用 許可	要（指→自治体）	・自販機設置 ・イベント実施	

＊指……指定管理者

[チェック
ポイント1-8] **施設利用者として自主事業を行う場合の手続と効果は？**
～使用許可の場合～

施設利用者として自主事業を行う場合は、以下のようになる。
・ 対象は施設の目的内（使用許可の範囲）の事業（X団体の自主事業においては特産物の販売が該当）
・ 指定管理者自身の使用許可を受けて行う
・ 使用料の支払いは要。利用料金の場合は不要
・ 事業による収入は指定管理者のもの

　指定管理者が、管理者としての指定管理者の許可を得て行う。利用料金の支払いは不要である。使用料の場合は指定管理者から自治体への支払いが必要となる。事業の収入は、利用者としての指定管理者のものとなる。

[チェック
ポイント1-9] **特許利用者として自主事業を行う場合の手続と効果は？**
～目的外使用許可の場合～

特許利用者として、自主事業を行う場合は、以下のようになる。
・ 対象は施設の設置目的以外（使用許可の範囲外）の事業（X団体の自主事業においては自販機の設置が該当）

- 長又は教育委員会の目的外使用許可を受けて行う
- 使用料の支払いが必要
- 事業による収入は指定管理者のもの

指定管理者が長や教育委員会の目的外使用許可を得て行う。目的外使用許可の権限は、指定管理者には委託できないからである。指定管理者から自治体への使用料の支払いが必要となる。事業の収入は、利用者としての指定管理者に帰属する。

[チェックポイント1-10] **自主事業の実施における注意点は？①**
～まずは「立場の自覚」～

指定管理者が公の施設において持っている2つの立場、つまり、その事業が1－5のAの管理者型なのか、B又はCの利用者型なのかによって、同じ事業であっても採るべき方法や効果（事業収入の帰属）が異なる。

したがって、

① 立場の自覚（管理者なのか、利用者なのか）
⇒② 事業の発案
⇒③ 手続の選択

● **自主事業の実施プロセスとその必要性**

自主事業の実施プロセス

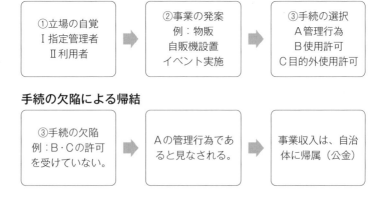

という手順で事業を実施しなければならない。

①が曖昧なまま、具体的には、指定管理者として行うのか利用者なのかの自覚がないまま、あるいは、そもそも立場が2つあることを理解しないまま、要するに、「自分が誰であるかが分からないまま」、漫然と事業（②）を発案し、手続（③）を選択する、あるいは、手続（③）を省略してしまうと、外部からは自らの意思に反し、手続（③）から逆算して、指定管理者として行っているのか利用者として行っているのか（①）が客観的に決定され、意図しない側に収入が帰属してしまう。

[チェック
ポイント1-11] **自主事業の実施における注意点は？②**
〜協定だけで利用者型の自主事業は実施できない〜

利用者型の自主事業について、指定の際の協定書で規定していれば、実施できると考えている自治体や指定管理者も少なくない。しかし、協定書は、指定管理における委託の内容、つまり、管理者と管理受託者との法律関係を規定するものである。業務委託における委託契約書に相当する。いわば、公の施設の管理における「内部関係のきまりごと」である（カウンターの中）。

自主事業を指定管理者の収入として実施するためには、管理受託者ではなく利用者としての指定管理者が、施設を利用する住民がそうであるように、「外部関係」において、自治体による許可あるいは目的外使用許可を受けなければならない（カウンターの外）。

[チェック
ポイント1-12] **自主事業の実施における注意点は？③**
〜許可と使用料は必要、利用料金は不要〜

自主事業の実施において、指定管理者から指定管理者への許可は必要であるが、指定管理者から指定管理者への利用料金の支払は不要である。

許可の場合は、公の施設において、指定管理者が条例に基づいて平等に許可を行う役割を担っているので、自分の事業についても他の団体や個人が行う事業と同じように、許可できるかどうかを判断しなければならない。自分が使用する場合だけ許可が不要としたのでは、施設の設置目的が達成されなくなる可能性がある。許可の効果は、まち（社会）に帰属する。事業を行う

指定管理者とそれを許可する指定管理者とは「別人」でなければならない。

　一方、利用料金は、指定管理者のものになるので、指定管理者が指定管理者に金銭を支払う意味はない。この場合は、「別人」ではなく「同一人物」である。使用料の場合は、自治体の収入となるので指定管理者からの支払が必要となる。

[チェック
ポイント1-13] 「管理」と「利用」との区別は、なぜ必要か？

　X団体の主張のように、自主事業によって施設を使用し、その売上を得るにもかかわらず、使用許可や使用料の支払いを不要とすることは、利用行為における結果と管理行為における手続、それぞれの「いいとこ取り（許可手続なしで、利益を自分のものにする）」にすぎない。

- 利用者として行っているのに、許可を受けていない。使用料を支払っていない（当該施設の設置管理条例違反）
- 管理者として行っているのに、売上を自治体に納めていない（一種の公金横領）

のいずれかになってしまう。

　X団体には、「管理と利用の区別」をしっかりと指導した上で、自主事業の実施の際には、許可申請などの手続をとらせなければならない。

［Q2　指定管理者は施設を優先利用できるか？］

　指定管理者Xは、Y物産館の管理を受託するために、本町の指導のもと、地元の生産者によって設立された団体（法人）である。公募ではなく、いわゆる「特命」で指定された。

　Y物産館の利用の大半は、X団体や団体に加入している生産者によるものである。X団体やその加入者が物販を行う際には、
① 　他の生産者に優先して利用できる
② 　使用許可の手続は不要
③ 　使用料は不要
となっている。しかし、最近、X団体に加入してしない町内の生産者から「不平等な取扱ではないか」と強硬なクレームが本町に寄せられるようになった。

　Y物産館における指定管理者Xの優先・優遇利用を、改める必要があるか。

解説

　指定管理者は、自治体から委託された公の施設の管理を行う「管理者」である。しかし、施設を利用する場合は、管理者としてではなく、住民と同じように「利用者」の立場に立って法令上、必要とされている手続をとらなければならない。

［チェックポイント2-1］　**指定管理者も利用手続が必要か？**

　公の施設では、住民の公平な利用が保障されていなければならない。Y物産館における管理の実態を評価すると、以下のようになる。

（1）「①　他の生産者に優先して利用できる」について
　当然に違法である。公の施設の利用については、地方自治法244条3項に不当な差別的取り扱いの禁止が規定されている。なお、これは、確認的に規定されているにすぎないと考えられる。

(2) 「② 使用許可の手続は不要」「③ 使用料は不要」について

　X団体の利用については、②の許可手続が必要である。利用料金制度がない場合は、③の使用料の支払も必要となる。支払がなければ、X団体の物販は管理行為として行ったことになり、物販の売上は公金として自治体に引き渡さなければならない。

　X団体の加入者も、②の許可手続と③の使用料の支払が必要である。他の利用者と同じ手続を経ていなければ、違法にY物産館を使用していることになる。

[チェックポイント2-2] 指定管理施設における不平等な利用の実態は？

　Y物産館において「優先、許可不要、無償」を実現するX団体の作用は、住民や利用者のための「管理」ではなく、指定管理者であるX団体のためのいわば、「管利」であると表現できる。

　表は、ある地域の物産館、直売所、道の駅について、平成23年に調査したものである。少なくともこの時点では、「管利状態」の施設が圧倒的に多い。「指定管理者である団体に所属していないと利用させない」という独占利用が行われている例もある。

●直売所等における「管利」の実態

施設名	特命で指定	加入者以外は使用できない	加入者は許可手続不要	加入者は使用料不要
A	○	○	×	×
B〜F	○	×	○	○
G・H・I	×	○	○	○
J・K	○	○	○	○
L	○	×	×	○
M	○	○	×	○
N	×	×	×	×
計	10/14	7/14	10/14	12/14

＊加入者……指定管理者（団体）の加入者

[チェックポイント2-3] 不平等な管理が行われる原因は？

このように「管利」が常態化している根本的な原因は、これらの直売所や物産館、道の駅などは、そもそも、(トイレなどは別として) 広く住民が利用するためのものではなく、特定の生産者や団体用に作られたものだということに帰結する。具体的には、
① 公の施設ではなく普通財産として設置
② 自治体が委託料の支払をして管理を委託するのではなく、当該団体から貸付料を徴収して貸付
すべき施設であると考えられる。

Y物産館のような「普通財産の公の施設化」が、「管利」を生み出している。

指定管理者制度の導入の時期と道の駅や直売所などが急速に増加した時期とが重なったことも「普通財産の公の施設化による管利の常態化」に拍車をかけているようである。

指定管理者制度の趣旨は、民間団体へ事務事業を開放することによって住民の福祉 (よりよい暮らし) を増進することにある。

しかし、制度導入後はかえって自治体による出資団体、いわゆる三セクのようなものが増加し、公の施設の管理や公の施設そのもののあり方が歪になっている感もある。

[チェックポイント2-4] 不平等な管理の是正方法は？

Y物産館は、指定管理者であるX団体のために設置しているのであるから、自治体が委託料を支払って、管理を委託することは不当であると考えられる。公の施設の「管理」とは住民の利用のための作用であり、自らの利用のためのものではない。アパートの自分の部屋を自分のために管理している人を「管理人さん」とは呼ばない。

実際には、さまざまな理由から、普通財産であるべき直売所などを公の施設として設置し、地元団体を指定管理者に指定する、という方法を採らなければならないことも少なくないようである。しかし、その場合でも、公の施設と位置付けた上は、指定管理者が利用する際も適正な手続を確保し、「住

民であれば誰もが平等に利用できる」という外形を整えなければならない。
　Ｘ団体には、
・　利用する際は使用許可手続を行い、使用料の支払いを行うこと
・　許可の際は、他の利用希望者と公平に利用調整を図ること
を早急に指示（自治法244の２Ｘ）しなければならない。

Q3　物販施設は公の施設？普通財産？

　本市では、道の駅や物産館（以下「物販施設」）を、いずれも公の施設として設置し、指定管理者に委託している。しかし、近隣の市町村では、物販施設を普通財産として管理しているところもある。
① 　公の施設として管理を委託する場合
② 　普通財産にして管理を委託する場合
　それぞれで、手続や効果にどのような違いがあるか。

解説

　Q2は、あくまで、「特定の団体のために設置した場合」である。本問は、「（本当に）広く住民の利用のために設置した場合」を前提としている。物販施設の設置のあり方における一般的なQ＆Aは本問となる。
　物販施設については、住民の利用のために設置・管理するのであれば公の施設として、また、観光客の利用のためであれば普通財産として管理することになる。
　物販施設に限らず、施設（財産）の区分、この場合は、公の施設であるのか、あるいは普通財産となるのかは、本来、設置や管理の目的によって自ずと決まることであり、行政判断によって決定できる事柄ではない。
　しかし、多くの物販施設の中には、「住民のため」に地元生産者用の物販コーナーなどが設けられ、併せて、「観光客のため」の機能としてトイレや休憩施設が設けられている。温浴施設などは住民も観光客も利用している。また、物販コーナーは、観光客のための施設であるとも評価できる。
　このように、物販施設の中には、公の施設と普通財産の両方の性格を持っており、さらには、どちらが主であるかを定性的に測ることは困難な施設も少なくない。
　そこで、それぞれの施設の管理にとって最も適切な委託方法を選択し、その選択結果から逆算して、公の施設か、普通財産かを決定するという方法を採ることも正しい手続を経ていれば可能となる。公の施設と普通財産とでは

委託の方法や効果が異なるからである。

　ここでは、委託方法を選択するためには理解しておかなければならない、財産の区分と委託方法との関係について解説する。

［チェックポイント3-1］ 物販施設を設置する際に必要な規定は？

　財産を管理するには、管理のルールを定める必要がある。主な管理事項は、

① 使用手続
② 使用の対価
③ 使用の対価の減免

であり、それぞれ条例又は規則で定める。財産の区分によって、条例事項と規則事項は異なる。

［チェックポイント3-2］ 公の施設における条例事項と規則事項は？

　公の施設として管理する場合は、「①使用手続」「②使用の対価」「③減免」のいずれも条例で定めなければならない（自治法244の2Ⅰ、228Ⅰ、96Ⅰ⑩）。一般的には、施設ごとに条例を設置している（いわゆる「設置管理条例」）。よって、新たに物販施設を設置する際は、条例を制定することになる。

［チェックポイント3-3］ 普通財産における条例事項と規則事項は？

　普通財産として管理する場合は、「①使用手続」と「②使用の対価」は規則で、「③減免」は条例で定める（自治法237Ⅱ、96Ⅰ⑥）。普通財産につい

●財産（土地・建物）の区分

	行政財産		普通財産
	公用財産	公の施設（公共用財産）	
図書館、体育館公民館等		○	
物販・娯楽施設		○(*)	○(*)
庁舎	○		
遊休地			○

＊どちらに区分することもできる。

ては、財産ごとではなく、すべての普通財産に適用される条例（減免条例）と規則（財産管理規則又は財務規則）で管理される場合が多い。

しかし、これらの規程は、空き地などを想定しているので、公の施設の設置管理条例のように、その施設の事情にあったオリジナルのものではない。

そこで、その物販施設専用の管理規程が必要となる。既存の財産管理規則（財務規則）の改正によって、その物販・娯楽施設に適用される特例を設けることも考えられる。しかし、それよりも、その物販施設のために個別の管理規程（要綱など）を制定するほうが適当である。要綱で規則の例外を定めることはできないので、管理要綱の位置付けは、財産管理規則の解釈運用の基準であるということになる。

減免については、普通財産の場合も条例で定めなければならないが、減免条例の規定は概括的（「公益目的があるとき」「市長が適当と認めるとき」）であるので、新たに条例を制定しなくても、既存のものをそのまま適用できる物販施設もあると考えられる。

●財産管理における条例と規則事項

区分		許可・貸付条件	対価	対価の減免
行政財産	公の施設	（使用許可） ・法244の2 I ・設置条例	（使用料） ・法228条 I ・設置条例	（債権放棄） ・法96条 I ⑩ ・設置条例
	庁舎	（目的外使用許可） ・法238の4 Ⅶ ・財産管理規則	（使用料） ・法228条 I ・行政財産使用料条例	（債権放棄） ・法96条 I ⑩ ・行政財産使用料条例
		（貸付契約） ・法238の4 Ⅱ ④ ・財産管理規則	（貸付料） ・法238の4 Ⅱ ④ ・財産管理規則	（減免） ・法96条 I ⑥ ・財産の交換、譲与、無償貸付け等に関する条例
普通財産		（貸付契約） ・法238の5 I ・財産管理規則	（貸付料） ・法238の5 I ・財産管理規則	

法……地方自治法

[チェックポイント3-4] 委託における公の施設と普通財産との違いは？

物販施設を、公の施設として管理を委託した場合と、普通財産として委託した場合とでは、手続や効果が異なる。ここでは、「利用者」とは、産物を持ち込む生産者や業者であることを確認しておく。

[チェックポイント3-5] 公の施設の管理を委託する方法は？

指定管理者制度によって委託する（自治法244の2Ⅲ）。包括的な委託が可能であり、制度的には委託による有効な管理が期待できる。

ア　使用手続……指定管理者が利用者に使用許可を行う。
イ　使用の対価……「①使用料」として自治体の収入、「②利用料金」として指定管理者の収入のどちらか。①の場合は指定管理者に徴収を委託することができる（自治法243、自治令158Ⅰ①）
ウ　対価の減免……条例に従って、「①使用料」の場合は長、「②利用料金」の場合は長が定めた基準に従って指定管理者が行う。

[チェックポイント3-6] 普通財産の管理を委託する方法は？①
～業務委託契約～

業務委託契約によって委託する。受託者に委託（委任）できる業務は限られる。委託できるのは、法的な権限が必要のない清掃や案内、受付などの事実行為である。

ア　使用手続……長が利用者に利用承認（契約の締結）を行う。
イ　使用の対価……貸付料として自治体の収入。徴収は委託できる。
ウ　対価の減免……条例に従って、長が行う。

委託の範囲が限定される理由と課題について、以下に解説する。

[チェックポイント3-7] 普通財産の貸付権限を委託できない理由は？

住民の利用権の設定、つまり、住民が利用するための契約（公の施設における使用許可に相当する法律行為）を委託することはできない。法律行為の委

託（委任）には、法律の根拠が必要だからである。ぎりぎりの方法（実務的な方法）としては、使用契約書の名義を自治体の長にして、長が権限を行使しているという外形を整えた上で、委託する「やり方」が考えられる。その場合も、例外的な事項に関する判断については、自治体の判断を仰ぐ体制が確保されていなければならない。

[チェックポイント3-8] 普通財産の貸付料が受託者の収入にならない理由は？

委託しても、自治体の事務であることには変わりはない。よって、委託業務の実施よって得られる収入は自治体のものになる。指定管理者制度における利用料金制度は、地方自治法が設けた例外である（自治法244の2Ⅷ）。業務委託においては、利用料金制度のような受託者に収入を帰属させる制度が存在しない。

貸付金の徴収（収納）は委託できる（自治法243、自治令158Ⅰ③）が、貸付契約と貸付料の徴収を同時に行う場合には、契約の締結は委託できない（3-7）ので、実質的には徴収権限も委託できないことになってしまう。

[チェックポイント3-9] 普通財産の管理を委託する方法は？②
～財産の貸付～

3-7～3-8のように、普通財産の管理を有効に委託することは困難である。そこで、委託するのではなく、貸し付ける方法が考えられる。
× 民間団体に施設の管理を委託する（普通財産業務委託方式）。
○ 民間団体に施設を貸し付ける（普通財産貸付方式）。

委託の場合は貸し付ける対象は利用者であるが、貸付の場合は、対象は管理する団体（委託方式における受託者）となる。

貸付によって、団体に施設を管理する権原が発生する。ここでいう「管理」は、指定管理者制度や業務委託における管理のような、自治体のためにする管理ではなく、自分の事業のための管理である。委託の場合と違って、自治体の事業ではない。よって、法的には、貸付を受けた団体が、自らの判断で料金や利用条件を定めることができることにはなる。

しかし、実際には、不特定多数の生産者に使わせることが目的の物販施設

であるから、自治体が管理要綱を定めた上で、それに従って、平等利用と適正な料金を維持することを条件に、貸し付けられなければならない。委託ではなく、貸付という「形」を採るのであり、実質は委託である。

課題としては、委託ではないので、委託料を支出できないことが挙げられる。貸付を受けた団体において、自力で採算が確保できることが前提となる。また、財産管理規則で定める貸付料を（条例で定めた減免ができない限り）自治体に支払う必要がある。

●物販施設の管理・委託方法

	管理団体への権原の設定	個々の利用者への使用許可（利用契約）の権限	個々の利用者が支払う使用料（貸付料）の帰属
公の施設 指定管理方式	自治体…（指定） →団体	団体 （指定管理者）	自治体（利用料金の場合は団体）
普通財産 管理委託方式	自治体…（委託契約） →団体	自治体（長）	自治体
普通財産 貸付方式	自治体…（貸付契約） →団体	団体（借受者）	団体 （団体は自治体に貸付料を支払う）

[チェックポイント3-10] **物販施設を行政財産として管理する方法は？**

物販施設を公の施設ではない行政財産、つまり、庁舎（公用財産）として管理している自治体もある。しかし、庁舎であると位置付けた場合には、利用形態は目的外使用だけしか存在しない（自治法238の4Ⅶ）。

庁舎は、公の施設のように住民が利用することを前提とした施設ではないからである。なお、行政財産の貸付（自治法238の4Ⅱ）は、基本的には、組織のスリム化によって生じた庁舎の空スペースを活用するための制度であり、本件のような場合には該当しない。

目的外使用許可を行う場合は、以下の2つの方法がある。
① 一人ひとりの利用者（販売者）に対して行う。
② 3-9の普通財産貸付方式と同じように、民間団体に物販コーナーを設けるための目的外使用許可を与え、委託ではなく自らの事業として実施管

理させる。

しかし、いずれの場合も、物販施設の存在について説明がつかなくなる。許可を受けた者が設けるべきであるはずの目的外使用のための設備が、庁舎の中に、あらかじめ自治体によって整備されていることになるからである。また、①の場合、目的外使用許可の権限は委託（委任）できない。職員が許可の事務を行うことになる。

● 財産の区分と委託できる範囲

	委託する業務		公の施設	庁舎等	普通財産
委託の範囲	人的管理（受付、案内等）		委託可〔根拠不要〕		
	物的管理（清掃、補修等）				
	法的管理	使用許可	委託可〔自治法242の2Ⅲ〕	―	―
		目的外使用許可	委託不可		―
		利用契約	―	―	委託不可
		使用料（貸付料）徴収	委託可〔自治法243、自治令158Ⅰ①・③〕		
		使用料（貸付料）減免	委託不可		

[チェックポイント3-11] **観光案内所で小規模な物販を行う方法は？**

行政財産として管理している観光案内所において、地元産品を紹介的に販売したい（ちょっと置きたい）場合、どのような手続が必要で、効果（売上の帰属）はどうなるのか、という相談を受けることがある。方法論は3-10と同じとなる。

しかし、ここでも、目的外利用のための施設があらかじめ自治体の費用で整備されている、言い換えれば、施設開設時から原始的に目的外利用による事業が施設の本質的な機能の一部として予定されているという矛盾（おかしなこと）が生じてしまう。

よって、観光案内所の物販コーナーだけを普通財産にして貸し付けることが最も適当であると考えられる。直売所などの大規模な物販施設ではないの

で、少数の団体に貸し付ければよいはずである。

　また、自治体の事業として物販を委託する方法もある。売上は、一旦、自治体のものになり、別途、受託者に委託料を支出することになる。

[チェックポイント3-12] **物販施設の管理を委託する際の注意点は？**

　採算性の確保が前提とされる物販施設の場合は、一般論としては、包括的に管理権限を委託できる公の施設の指定管理委託方式のほうが、普通財産方式よりも適していると考えられる。しかし、普通財産の貸付方式にもメリットがある。

　いずれにしろ、公の施設は条例で設置するので、安易に普通財産化を行うと議会の議論・承認を回避しようとしているのではないかという謗りを受ける可能性があることには注意しなければならない。本質的には、そのような意図で普通財産方式を選択しないようにしなければならない。

　また、物販・娯楽施設の設置に反対する（建前としては、設置にかかる公金の支出を違法と考える）住民から、公の施設の設置管理条例を制定せずに施設を設置したことが、違法な公金の支出であるとして住民訴訟が起こされた例もある。そこでは、自治体側が敗訴したわけではないが、公の施設とすべきか、あるいは、普通財産でもかまわないか（条例を制定しなくてもよいのか）が争点にはなった。

　福祉、教育・体育施設よりも相対的に住民生活とのかかわり合いが低く、また、将来にわたって維持していくことの必要性そのものが問われることが多い物販・娯楽施設の位置付けや委託の方法については、財産区分の法令に照らした正当化（理由付け）を十分に図っておく必要がある。

Q3 物販施設は公の施設？普通財産？

●公の施設・普通財産の利用関係

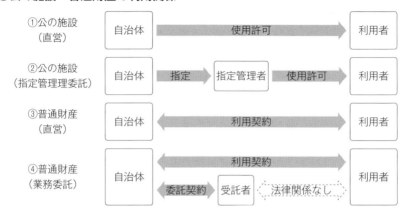

●委託等の方式と効果

財産の区分	委託等の方式	管理権限の設定	使用許可（利用契約）権限の委託	施設利用における法律関係	事業の主体	施設利用の対価の帰属	管理における規制（許可条件、料金の設定、減免等）
公の施設	指定管理委託方式	議決＋指定（行政処分）	○	指定管理者→（許可）利用者	自治体	自治体（利用料金の場合は指定管理者）	設置管理条例による
普通財産	業務委託方式	委託契約	×	自治体⇔（契約）利用者	自治体	自治体	財産管理規則、減免条例 による
普通財産	貸付方式	貸付契約	―	受託団体⇔（契約）利用者	受託団体	受託団体	受託団体が設定
行政財産	業務委託方式	委託契約	×	自治体⇔（契約）利用者	自治体	自治体	財産管理規則、使用料条例、減免条例による
行政財産	目的外使用方式	許可（行政処分）	―	受託団体⇔（契約）利用者	受託団体	受託団体	受託団体が設定

Q4　学校プールを住民に開放するには？

　本市では、中学校や小学校のプールを放課後や夏休みに利用させて欲しいという要望が、いくつかの地区から出されている。
　「学校プールの住民への開放」には、どのような方法があるか。

解説

　公共施設の統廃合が進む中、公の施設の有効活用を図る必要が高まっている。また、そもそも、使われていない期間や時間帯が多く、もっと活用できるのではないかと考えられる施設もある。
　その例として小中学校のプールを取り上げ、住民への開放において指定管理者制度をどのように活用すべきかについて解説する。

[チェックポイント4-1] 学校プールの住民利用において整備すべき規程は？

　学校プールを開放する際には、利用する住民に対して
- 許可手続を要求するか
- 使用料を徴収するか

を検討する余地がある。利用できる時間帯や利用のルールだけを決めて、後は、グラウンドの開放のように基本的には自由使用させる方法も考えられるからである。
　住民用のプール（市民プール）との対比から、やはり、使用料の徴収と許可手続は必要であると考えられる。市民プールにおいては、使用料（利用料金）を徴収しているだけで、積極的には許可（当該市民に対する利用の可否判断の表示）を行っていないように見える。
　しかし、市民プールの設置管理条例には、許可あるいは承認の規定がある。それを受けて、実際には、使用料徴収の際に入場の可否判断を行い、消極的ではあるが、許可の意思表示を個々の住民に対して行っている（不適当な者以外の者が入場する際には何も言わない＝許可）と考えられる。
　よって、住民利用についての新たなルールが必要となるので、対象である

学校プールに特化した、管理規程を制定しなければならない。

住民によるプールなどの学校施設の利用は、地方自治法上の目的外使用に当たる（自治法238の4Ⅶ）。

管理規程の形式は、目的外使用に関する事項なので、条例ではなく、教育委員会規則やその解釈規程としての管理要綱などである。しかし、規則などであっても簡易な内容ではなく、住民用のプールに適用されている設置管理条例と同様のもの（本格的なもの）が必要となる。

[チェックポイント4-2] 学校プールの住民利用における使用料の規程は？

目的外使用料は、条例で定めなければならない（自治法225）。自治体の使用料条例は、目的外使用する建物や土地の面積によって使用料を定めている。プールの利用の対価は、想定されていない。

また、使用料条例には、一般的に、「長は、他の行政財産の使用料との均衡等によりこれによることが不適当と認めるときは、別に定めることができる」という趣旨の例外規定がある。しかし、例外規定は、利用形態は予定されているが、具体的に設定されている使用料が「金額的に」不適当な場合を指している（例：自販機の使用料⇔利益）。使用料条例においては、プールの利用はそもそも「利用形態として」想定されていないので、例外規定に当てはめることは不適当である。

よって、使用料条例の改正又は、学校プールにおける住民の利用に特化した使用料条例の制定が必要になる。

なお、この使用料は公の施設の使用料ではないので、学校施設の設置管理条例で定める事項ではないことを確認しておく。いくつかの自治体で、財産管理規則で定めるべき目的外使用に関する事項や使用料条例で定めるべき目的外使用料を、公の施設の設置管理条例で規定している例がある。条例事項と規則事項、目的内の使用と目的外使用の区別ができていないことが原因であると考えられる。

[チェックポイント4-3] 学校プールを住民に利用させる法的根拠は？

学校プールを開放できる根拠と思われる規定は、地方自治法だけではなく

学校教育法にもある。

> ◎地方自治法
> （行政財産の管理及び処分）
> 第238条の4
> 7　行政財産は、その用途又は目的を妨げない限度においてその使用を許可することができる。

> ◎学校教育法
> 第137条　学校教育上支障のない限り、学校には、社会教育に関する施設を附置し、又は学校の施設を社会教育その他公共のために、利用させることができる。

　学校施設の目的外使用許可の根拠については、学校教育法137条を根拠としている自治体と地方自治法238条の4第7項を根拠としている自治体とに分かれている。
　学校教育法137条の解釈については、以下の二つが考えられる。
① 　学校開放を促す理念的、確認的なもの。許可が必要な場合は、あくまで地方自治法の目的外使用による。
② 　地方自治法の目的外使用とは別の、学校施設独自の許可制度を創設したもの。
　まずは、指定管理者制度の面から検討してみる。
　①であると考えた場合、目的外使用許可の権限は、指定管理者に委託することはできない。指定管理者制度は、「公の施設」についての制度であり、目的外使用は「行政財産」についての制度だからである。学校施設について目的外使用の規程は、「教育機関（公の施設）としての学校施設」ではなく、「行政財産としての学校施設」に適用される。公の施設の設置管理に関しては、目的外使用という制度はない。
　②の場合には、学校教育法上の許可制度となる。都市公園法の占用許可などのように個別法で創設された制度なので、その権限は、やはり、指定管理

者には委託できないことになる。

　ここでは、学校教育法137条の趣旨が仮に、教育財産の目的外使用ではなく、教育機関についての新たな目的内の利用形態（許可制度）を創設したものであったとしても、その許可権限は指定管理者には委託できないということを確認されたい。②の場合、その趣旨が目的内であっても目的外の使用であっても地方自治法上の制度ではないので、指定管理者に権限は委託できないのである。

　①の理解がより一般的であるが、指定管理者制度を導入するに当たっては、①であっても②であっても結論としては同じになる。許可権限を指定管理者に委託することはできない。

　なお、他にも以下のような法令の規定があるが、いずれの場合も、①のように地方自治法の目的外使用許可の手続によって、その内容が実現されることになると考えられる。

◎社会教育法

（学校施設の利用）

第44条　学校の管理機関は、学校教育上支障がないと認める限り、その管理する学校の施設を社会教育のために利用に供するように努めなければならない。

（学校施設利用の許可）

第45条　社会教育のために学校の施設を利用しようとする者は、当該学校の管理機関の許可を受けなければならない。

2　前項の規定により、学校の管理機関が学校施設の利用を許可しようとするときは、あらかじめ、学校の長の意見を聞かなければならない。

> ◎学校施設の確保に関する政令
> 　（学校施設の使用禁止）
> 第3条　学校施設は、学校が学校教育の目的に使用する場合を除く外、使用してはならない。但し、左の各号の一に該当する場合は、この限りでない。
> 　一　法律又は法律に基く命令の規定に基いて使用する場合
> 　二　管理者又は学校の長の同意を得て使用する場合
> 2　管理者又は学校の長は、前項第2号の同意を与えるには、他の法令の規定に従わなければならない。

> ◎スポーツ基本法
> 　（学校施設の利用）
> 第13条　学校教育法に規定する公立学校の設置者は、その設置する学校の教育に支障のない限り、当該学校のスポーツ施設を一般のスポーツのための利用に供するよう努めなければならない。

[チェックポイント4-4]　**学校プールの住民利用に指定管理者制度を導入できるか？**

　では、指定管理者制度は導入できないのか。この点について、許可を伴わない学校開放の管理、つまり、学校開放を教育委員会が決定し、あるいは、個別の利用者に許可を出した後の安全管理などについては、指定管理者制度の対象であるとされている（平成16年3月30日15文科初第1321号）。

　これは、一見、公営住宅などにおける指定管理の考え方、つまり、「個別の管理法がある場合は許可以外の事務だけ委託できる」と同じように思える。

　しかし、この通知の内容と公営住宅などにおける運用とは根本的に違う。公営住宅などは、指定管理者制度の対象である公の施設の目的内の利用について、許可権限を除いた部分（事実行為）を指定管理委託できるとしているのに対し、通知における学校施設の開放は、本来、指定管理委託できない（制度の対象ではない）行政財産の目的外使用に属する事務について、目的外

使用の許可権限を除けば、指定管理者制度を導入できるとしているのである。

よって、通知をそのままストレートに読んでしまうと、指定管理者制度の対象である「公の施設の管理」ではない「財産管理」の属する事務であっても、法律行為ではなく事実行為の内容（業務委託でも委託できるもの）は、すべて指定管理委託に置き換えることができると理解してしまいかねない。

これは、指定管理者制度の制度設計からは疑問である。業務委託は対象が限定されていないが、指定管理者制度はあくまで公の施設の管理が対象であり、目的外使用許可のように行政財産の管理に属することは対象とならないからである。業務委託の可否と指定管理の可否とは基準が違うのである。

・　業務委託ができるかどうかの基準
　　　＝法律行為か事実行為か（法律行為は委託できない）
・　指定管理委託ができるかどうかの基準
　　　＝公の施設の管理の事務か財産管理の事務か（目的外使用許可に関する事務は委託できない）

ここでは、「許可権限を委託できない場合（業務委託で委託すればよい場合）でも、許可権限を除いて指定管理委託できる」という現状における指定管理者制度の運用が、「（業務委託でも委託できる）許可権限以外の事務はすべて指定管理者に委託できる」という誤解を生まないように留意されたい。「公の施設の管理に関して」という一番大切な条件（前提）が、どこかに飛んでしまわないようにしなければならない。

繰り返しになるが、業務委託は目的外使用許可に関する事務でも、許可権限以外は委託できる。しかし、指定管理者制度においては、目的外使用許可に関する事務は、許可権限（法律行為）であってもその他の事務（事実行為）であっても、制度の対象外なのである。

通知は、前提として、指定管理者制度による本来の委託内容が別に存在し、それに加えてプール開放の事務を指定管理者に委託する場合において、本当は、
①　本来部分を指定管理者との協定書で規定
②　プール開放部分を業務委託契約書で規定
しなければならないところ、それは非効率なので、プール開放についての業

務委託の内容を、指定管理委託の内容の一部として協定書に規定することも、実務的な処理として可能である（許される）ということを指していると理解すべきである。プール開放だけを指定管理者に委託することは、指定管理者制度の趣旨・目的からは外れていると考えられる。

　なお、指定管理者に委託にする場合の指定権限は、教育委員会にある。業務委託契約の場合は、契約権限は長にある。実際には、補助執行によって、教育委員会の職員が長の名の下に、委託契約に関する事務に当たっている場合が大半である。

[チェック
ポイント4-5]　学校プールの住民利用に利用料金制度が導入できるか？

　学校プールの開放の対価は、目的外使用料である。目的外使用料には、公の施設の使用料とは異なり、利用料金制度はない。許可ではなく自由使用とした場合も目的外の使用であることには変わりはない。

　4－4で引用した文部科学省の「指定管理委託できる」という通知の結論だけを持って、「指定管理者制度の対象なのだから、当然、利用料金制度を採用できる」と判断することはできない。

　学校プールについて、利用料金制度を採用している事例も存在する。しかし、それらの事例が法的なよりどころにはならない。「〇〇市でも同じことをやっている」だけでは、公の施設の設置管理者として説明責任を果たしたことになるはずもない。

　「学校プールの開放業務を指定管理者に委託して利用料金制度を採ることは有効であり、また、そうすることに何の実害があるのだ？」と考える人もいるだろう。しかし、問われるべきは、法令に従って事務を行っているかということなのである。「問題ない」「有効だ」は、限られた情報と知識によって行われようとしている、現在の視野においての判断である。情報が加わり、あるいは、状況が変化して不都合が起きれば、違法な取扱いをしていたことが（実質的な関連性がなくても）その原因とみなされ、法的な責任を追求されることになりかねない。

　その意味からも、学校プールの住民利用に利用料金制度を導入することについて、担当者が、「法令の根拠」と「自分の言葉」によって、住民、議会、

監査委員にその正当性を説明するには、かなりの困難を伴うのではないかと考えられる。

[チェックポイント4-6] **学校プールを市民プールとしても設置できるか？**

学校プールの財産を構成要素とする公の施設を、新たに「市（町・村）民プール」として設置する方法もある。物理的には一つの財産（土地・建物）であっても、両者の目的や供用形態が互いに矛盾しなければ、複数の公の施設の機能を持たせることはできる。

住民用のプールであるから、住民の利用については（目的内の）使用許可を行うことになり、指定管理者に許可権限を含めて委託することもできる。もちろん、利用料金制度の導入も可能である。その際は、指定管理者が利用料金を決める前提として、条例で利用料金の範囲・算定方法などを定める必要がある（自治法244の2Ⅸ）。

●学校プールの市民プールとしての活用

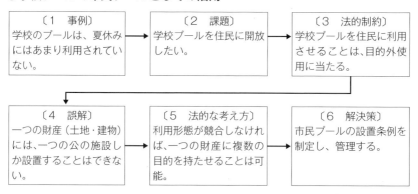

[チェックポイント4-7] **学校プールを民間施設としても活用できるか？**

また、利用する住民ではなく民間団体に対して、「スイミングスクールを経営する用途に利用する（×そこで泳ぐ）」ことについての目的外使用許可を与える方法がある。そうすれば、許可を受けた団体が自らのルールで管理し、設定した料金を利用者である住民から得ることができる。管理が自治体の手

から離れる。自治体が管理を委託しているのではなく、許可を受けた団体が自らの事業として行っているのだから、当然、そうなる。

　事例の蓄積や実務上の課題についてのさまざまな検討が必要ではあるが、いずれも、制度的には可能である。

●学校プールの民営プールとしての活用

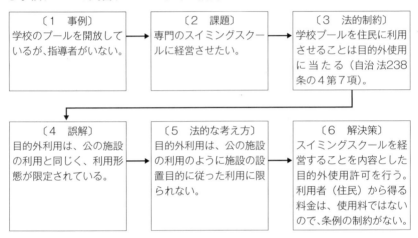

●財産の活用方法～学校プール（まとめ）～

	施設の形態	管理者	利用形態	必要な手続	利用の対価の帰属
1	学校施設	教委	学校プールの開放	利用者への目的外使用許可	自治体（使用料）
2-1	住民用プール	長	市民プール	条例制定 利用者への使用許可	自治体（使用料）
2-2	〃	指定管理者	市民プール	条例制定・指定 利用者への使用許可	自治体（使用料） 指定管理者（利用料金の場合）
3	学校施設	業者	民営プール	業者への目的外使用許可 業者と利用者との利用契約	業者（業者が決めた料金）

Q5 不指定に対して不服申立てができるか？

　本市でA市民会館の指定管理者の公募を行ったところ、XとYの2社が申請してきた。選定委員会で両社の申請内容を比較検討した結果、X社を候補者として選定したが、選定結果に納得できないY社が不服申立てをすると言い出した。
　Y社のように、指定されなかった団体は、不服申立てができるか。

解説

　公募によって指定管理者を選定する場合、複数の「指定希望者」が現れる場合がある（ここでは、あえて「申請者」とは呼ばない。理由は以下で説明する）。当然、一つの団体しか指定できないので、他の団体の希望はかなえられない。
　落選した団体は、「どうして、わが社が指定されないのだ！」という単なる苦情・不満ではなく、法的な権利として行政不服審査法における審査請求、つまり、指定について再考することを要求ができるかどうかがこのQのテーマである。「指定しない（不指定）という自治体の意思表示は、行政処分かどうか」がポイントとなる。

[チェックポイント5-1] 指定手続にはどのようなものがあるか？
　　　　　〜「申請システム」と「申出システム」〜

　指定の手続は、条例で定めなければならない（自治法244の2Ⅲ）。すべての公の施設に共通する指定手続を定めた条例を制定する方法と、指定管理者制度を導入する公の施設の設置管理条例に、個別に指定管理者に委託する（ことができる）旨を定める方法とが考えられる。また、手続の内容としては、
① 　申請する権利（申請権）を認めるしくみ［申請システム］
② 　申請権を認めないしくみ［申出システム］
がある。

[チェックポイント5-2] **不指定に対して不服申立てができる場合は？**
～「申請システム」～

一般的な申請システムの条例の例は、次のとおりである。

> ◎A市○○施設の設置及び管理に関する条例
> （指定管理者の指定）
> 第11条　指定管理者の指定を受けようとする者は、規則で定めるところにより、市長に申請しなければならない。

　指定を希望する者（以下「指定希望者」という）に申請権を与えるしくみである。この場合、申請書を提出すれば、必ず審査され、指定か不指定かの行政処分を受けることが権利として保障される（行政手続法7及び各行政手続条例）。
　どんな申請内容であれ、「審査をしない」ことは許されない。よって、条例で、この申請システムをとっている場合は、応募要項で「税の滞納がないこと」などの申請要件を定めても、法的な効果はないことになる。要件を満たしていない者からのものを含めて、すべての申請を審査し、指定、あるいは、不指定の通知をしなければならない。

> ◎行政手続法
> （申請に対する審査、応答）
> 第7条　行政庁は、申請がその事務所に到達したときは遅滞なく当該申請の審査を開始しなければならず、かつ、申請書の記載事項に不備がないこと、申請書に必要な書類が添付されていること、申請をすることができる期間内にされたものであることその他の法令に定められた申請の形式上の要件に適合しない申請については、速やかに、申請をした者（以下「申請者」という。）に対し相当の期間を定めて当該申請の補正を求め、又は当該申請により求められた許認可等を拒否しなければならない。

Q5 不指定に対して不服申立てができるか？

「行政庁」は、法律に基づいて行政処分を行う機関のことである。自治体の場合は、地方自治法によって執行機関が定められており（自治法138の4）、その中からそれぞれの法律が、権限を行使するために最も適切な執行機関を、

●指定手続における「申請システム」

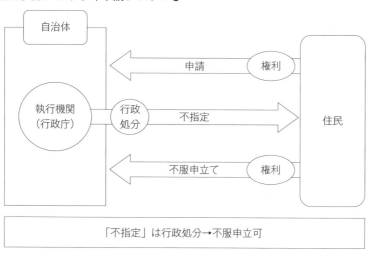

●指定手続の例（申請システム）

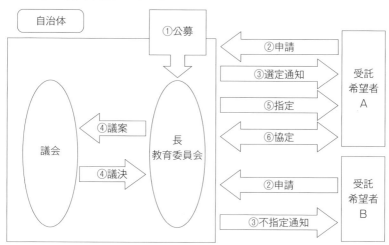

行政庁として指名している。

　指定管理者の「指定」という行政処分を行う行政庁（指名された執行機関）は、公の施設の管理を行う権限を持っている長（自治法149⑦）又は教育委員会（地教行法21①）である。また、執行機関ではないが、企業管理者も指定の権限を持っている（地方公営企業法9⑦）。

　申請システムにおいては、申請権が認められているので、不指定（指定しない）は行政処分となり、審査請求の対象となる。審査請求は、不指定を行った行政庁に対して行う。審査請求とは、裁判とは違って行政処分を行った行政庁自身に対して、「もう一度、考え直して！」と要求する制度なのである。

　不指定の際は、不指定処分を行った理由（指定しない理由）を、できるだけ具体的に不指定の通知書に記載しなければならない（行政手続法8Ⅰ）。

［チェックポイント5-3］ 不指定に対して不服申立ができない場合は？
～「申出システム」～

　申出システムを採用している条例の例は、次のとおりである。

> ◎Ａ市○○施設の設置及び管理に関する条例
> 　（指定管理者の指定の申出）
> 第3条　指定管理者の指定を受けようとする団体は、申請受付期間内に次に掲げる書類を添えて、市長に申し出ることができる。

　指定希望者に申請権を認めず、申請書の提出を指定希望者からの「指定管理者にしてください」という単なる要請や情報提供と捉えるしくみである。この「申出システム」においては、申請システムのように申請する権利（審査してもらえる権利）が保障されているわけではないので、不指定は行政処分ではなく、単なる「指定はしません」という通知（お知らせ）となる。自治体の「不指定（指定しない）」に対して、審査請求はできない。

●指定手続における「申出システム」

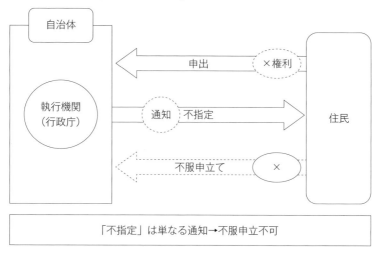

●指定手続の例（申出システム）

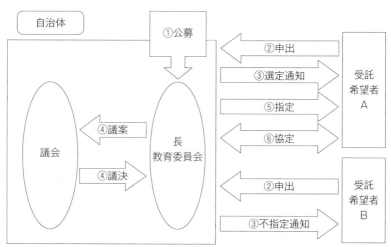

[チェックポイント5-4] よくある「申請→指定」という手続（申請システム）は適当か？

　では、指定管理者の選定において、「申請システム」と「申出システム」のどちらが適当なのだろうか。

　指定の役割は、業務委託における契約の締結に代わって、契約関係を設定（委託契約先を決定）することにある。自治体と指定管理者との法律関係の本質は業務委託の場合と同じ契約関係である。よって、業務委託の受託希望者が持っていない申請権を、指定希望者にだけ確保して、審査請求を認める理

● 指定のしくみと流れ

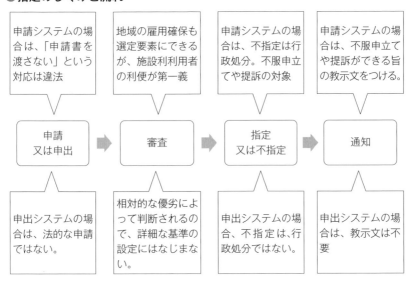

● 申請等の手続と不指定の性質

	不指定の性質	申請権	申請に対する自治体の応答	不指定に対する審査請求
申請システム	行政処分	あり	義務	できる
申出システム	通知	なし	任意	できない

由はないと考えられる。

指定管理者の指定においては、「申請システム」よりも、「申出システム」が適当である。

[チェックポイント5-5] 指定管理者制度の運用と行政手続法（条例）との関係は？

指定手続と不服申立て（審査請求）との関係は、以下のようになる。
① A市が申請システムを採用していれば、A市のY社に対する不指定は行政処分であり、Y社は審査請求ができる。
② 申出システムであれば、不指定は処分ではないので、審査請求はできない。

実際には、申請システムを採っている自治体が大多数であるが、5−4で検討したように、申出システムの方が適当である。

自治体における申請システムの本質的な問題は、指定管理者制度を導入する際に、申出システムというしくみの存在を認識した上で、申請システムと申出システムを比較し、検討した形跡がないということにある。

「指定は行政処分なのだから、当然、申請によることになる（申請システムしかない）」と考えた自治体が多かったようである。あるいは、あまり考えずに、他の自治体の真似をしただけなのかもしれない。

そもそも、税の賦課のように義務を課すものではなく、契約関係を設定するという指定の行政処分としての性質から、地方自治法における指定管理者委託の制度設計においては、申請システムではなく申出システムが前提になっていると考えられる。申請システムを採用するということは、その自治体において、「特別の理由から政策的にあえて申請権を保障した」ということになるのである。

申請システムを採用した自治体は、その検討と自覚をしたのだろうか。いずれにしろ、「申請に基づかない行政処分もある」ということへの理解が欠けていたのでは、と推測される。申出システムについての知識を持って、制度の導入当時にタイムスリップすれば、おそらく、多くの自治体で申請システムは採らないのではないだろうか。

[チェックポイント5-6] **指定管理者制度の行政手続における課題は？**

　また、「『申請』と『申出』という僅かな言葉の違いだけで、こんなに手続が変わってしまうのか？」という質問を受けることがある。用語の問題ではない。自分たちがどのような手続をどれだけ真摯に選択したのかが問われている。「申請」と「申出」は、それを表現しているだけである。どこからか、言葉が降ってきたわけではない。

　客観的には、指定手続の条例を制定した際に選んだのは「申請」や「申出」という用語ではなく、「申請権を認めるか、認めないか」であり、不指定を「行政処分」とするか「単なる通知とするか」ということになる。条例を制定した際、その意識があったかどうかが問われる。

　質問の真意は、「(あまり真剣に考えずに、適当に他の自治体の真似をして)『申請』と書いただけなのに、何でこんな目に(審査請求を受ける)遭うのか？」なのだろうが、それは言わないほうがよいと思われる。

　なお、「条例上は申請という表現を用いているが、それは、行政手続における申請権を保障したものではない」と主張することには無理があると考える。なぜなら、立法者の意思として、申請システムを採用したという事実が、しっかりと存在するからである。立法事実を条文の読み(それは、とうてい「解釈」とは呼べない)で変えることはできない。あえて申請システムにおける申請権を排除するのであれば、自治法の指定管理者制度の根拠条文が、申請権を保障することを明確に排除している(申請権を認めることは自治法の趣旨に違反する)と主張する必要があるだろう。

　いずれにしろ、普遍的な価値を持ち、また、自治体行政の基本法である行政手続条例で定義付けられている「申請」の意味を操作することには副作用のほうが大きいことは間違いない。

　指定管理者制度の運用には、行政手続などの法務についての基本的な理解が欠かせない。その教訓が、公の施設の設置管理条例や指定管理者の指定手続条例に、「申請」の2文字になって残っている。

Q6　特命は適法か？

　本町では、5つの施設で指定管理者制度を導入しており、すべての施設について、公募ではなく特命で地元団体を指定している。今年の決算議会で、議員から「公募すべきではないか？」「法的に問題があるのではないか？」との質問があった。
　公募せずに特命で指定管理者を決定することは、違法なのか。

解説

　業務委託における受託者の選定は、一般競争入札が原則である（自治法234Ⅱ）。一方、指定管理者の選定方法についての、具体的な規定はない（自治法244の2）。
　そこで、公募をせずに特定の団体を指定することも、できると理解されている。これが、いわゆる「特命」である。特命は多くの自治体で行われているが、委託契約の制度に当てはめると、例外中の例外である随意契約に相当する。そこで、特命の適法性について検討する。

[チェックポイント6-1]　**申請→指定（申請システム）における特命は適法か？**

　特命が違法かどうかを検討するための前提として、指定管理者の指定手続の基本的なしくみには、
① 　申請システム
② 　申出システム
の二つに大別できることを確認しておく。以下に条例の例を示す。

【申請システムの例】

◎Ａ市○○施設の設置及び管理に関する条例
　（指定管理者の指定の申請）
　第３条　指定管理者の指定を受けようとする団体は、申請受付期間内に申請書に次に掲げる書類を添えて、市長に申請しなければならない。

【申出システムの例】

◎Ｂ市○○施設の設置及び管理に関する条例
　（指定管理者の指定の申出）
　第３条　指定管理者の指定を受けようとする団体は、申請受付期間内に申出書に次に掲げる書類を添えて、市長に申し出なければならない。
＊「市長に提出しなければならない」となっている例もある。

　行政手続法（条例）で、
① だれでも申請はできる
② 申請した者は必ず審査してもらえる
ことが権利として保障されている（行政手続法７）。よって、申請システムを採用している自治体では、申請書が提出されれば必ず審査しなければならない。申請システムにおいては、「申請を受け付けない」「審査しない」は違法である。

　よって、申請システムにおいて、特命を適法に実施するためには、何らかの形でシステム自体の例外を指定手続の条例に規定し、「この場合は、申請権は保証しない」というしくみを創らなければならない。「公募しない」という公募の例外のしくみを創っても、「申請できる」という規定に例外がない限り、特命を適法化することはできない。

　大半の自治体では申請システムを採用している。その中で、特命の規定は以下の２つのパターンに分けられる。
① 条例で公募の例外を定めている場合〔公募例外方式〕

② 条例で申請の例外を定めている場合〔申請例外方式〕

2つの方式が申請システムにおいて法的に機能しているか、つまり、申請権を適法に制限して、特命を適法化できているかどうか検討する。

[チェックポイント6-2] **条例による公募の例外（公募例外方式）は適法か？**

〔例1〕C市○○施設の設置及び管理に関する条例

> （公募）
> 第2条　市長は、指定管理者に公の施設の管理を行わせようとするときは、次に掲げる事項を明示して指定管理者になろうとする法人その他の団体を公募するものとする。
> （指定管理者の指定の申請）
> 第3条　指定管理者の指定を受けようとする団体は、申請受付期間内に申請書に次に掲げる書類を添えて、市長に申請しなければならない。
> （公募によらない指定管理者の候補者の選定）
> 第4条　市長は、次の各号のいずれかに該当すると認めるときは、第2条の規定による公募によらず、指定管理者の候補者を選定することができる。
> （以下略）

条例で公募しない場合（特命）を定めている。一見、有効な特命の根拠になりそうである。

しかし、ここで定めている「例外」は申請の例外ではなく、「公募の例外」である。申請できない場合を定めているのではなく、公募しない場合を定めている（4条）。申請システムにおいては、指定の申請をすることは権利である。

よって、ここでは、申請システムに特命規定が組み合わせられて、「誰でも申請はできるけど、募集していることはお知らせ（公募）しませんよ」という、おかしな手続が形成されていることになる。あえて限界的な事例を挙げれば、どこかで募集していることを知った団体が申請してくれば、その申請を審査する義務がC市には生じる。C市が企画した「特命」は、公募例外

方式では法的に実現することはできない。

　ここで、理解していなければならないのは、申請権（誰でも申請できる）は、指定手続条例における申請の規定（申請システム）と行政手続法（条例）によって保障されているものであって、公募の規定によって保障されているものではないということである。

　「誰でも申請できる」ことは申請システムによって保障されているのであるから、申請システムを実現するための手続の一つとして、公募はシステムに内在している。「申請権の保障→当然に公募」なのである。別の言い方をすれば、仮に公募規定がなくても公募する（誰でも申請できることを広く知らしめる）ことは必要となる。

　申請権や申請の法的意義を理解せずに、「公募する（しない）」の規定によって、特命の効果が左右されるという誤解をしていないか、確認されたい。特命を適法化するには、申請権を実現する手段である「公募する」の例外ではなく、公募の根っこにある「申請できる」の例外を創る必要がある。

[チェック
ポイント6-3] **申請→指定（申請システム）における特命方法は？**
　　　　　～申請例外方式～

〔例２〕D市○○施設の設置及び管理に関する条例

>　（公募）
>　第２条　市長は、指定管理者に公の施設の管理を行わせようとするときは、次に掲げる事項を明示して指定管理者になろうとする法人その他の団体を公募するものとする。
>　（指定管理者の指定の申請）
>　第３条　指定管理者の指定を受けようとする団体は、申請受付期間内に申請書に次に掲げる書類を添えて、市長に申請しなければならない。
>　（選定の特例）
>　第４条　市長は、次の各号のいずれかに該当するときは、前２条に規定する手続によらず、指定管理者の候補者を選定することができる。
>　（以下略）

これが、申請システムにおいて特命を行うための「正解」である。例1との違いが、お分かりいただけるだろうか。公募の例外ではなく、申請の例外が規定されている。具体的には、第4条が第3条（加えて第2条）の例外を法的に定めている。一定の場合は、申請権を保障しないというしくみである。申請に基づかずに、自治体が指定管理者を選定することを正当化している。

[チェックポイント6-4] **申出→指定（申出システム）における特命方法は？**

〔例3〕E市○○施設の設置及び管理に関する条例

> （公募）
> 第2条　市長は、指定管理者に公の施設の管理を行わせようとするときは、次に掲げる事項を明示して指定管理者になろうとする法人その他の団体を公募するものとする。
> （指定管理者の指定の申出）
> 第3条　指定管理者の指定を受けようとする団体は、申請受付期間内に申請書に次に掲げる書類を添えて、市長に申し出なければならない。
> ＊「市長に提出しなければならない」となっている例もある。
> （公募によらない指定管理者の候補者の選定）
> 第4条　市長は、次の各号のいずれかに該当すると認めるときは、第2条の規定による公募によらず、指定管理者の候補者を選定することができる。
> （以下略）

申出システムにおいては、受託希望者に申請権を保障しているわけではない。よって、申請権を保障している申請システムにおける特命のようにシステム自体の例外を規定する必要はなく、単に「公募しない」という公募の例外を定めれば、特命の効果が生じる。

申請システムにおいては「公募」はシステムの一部であるが、申出システムにおいてはシステムに外在する一種のオプションなのである。

● 申請システム・申出システムにおける公募の要否

	公募規定あり	公募規定なし	公募例外規定
申請システム	公募要	公募要	有効に機能しない
申出システム	公募要	特命の場合は不要	特命を意味

● 申請システム・申し出システムと特命の可否

		例外規定の対象	特命の法的効力
①	申請システム	「公募」の規定	なし
②		「申請」の規定	あり
③	申し出システム	「公募」の規定	あり

[チェック
ポイント6-5] **特命における課題は？**

　6-3の申請例外方式又は6-4の申出システムのいずれかを採用すれば、特命は、「○○法第××条に違反するかどうか」という意味での「違法」な指定方法にはならない。

　しかし、そもそも特命で指定管理者を選定すること自体が、本質的に適法な手続かどうかという視点から評価すると、結論は変わってくる。なぜなら、公の施設の管理を受託する者として最も適当な団体を選定するに当たって、「検討するまでもなくこの団体が指定管理者として最も適当だ」などという判断は、どの自治体のどんな施設についても成立しないからである。

　「おそらく、この団体しかいないだろうが、もっといい団体が手を挙げてくるかもしれないから、一応、公募してみてはどうか」というような消極的な意味も含めて、申請システムにおいても申出システムにおいても、公募は指定管理者を決定するに当たって、欠くことのできない手続であるはずだ。客観的に見れば、特命は公の施設の管理のためではなく、その団体を指定し、地域の雇用や団体の経営を援助すること自体が、目的であるとしか評価されないだろう。

　業務委託契約においても、「地元優先発注」という運用が広く行われている。特命における実態的な趣旨・目的と地元優先発注は類似している。裁判例では、

① 現場への距離が近く現場に関する知識を有していること
② 地元の経済の活性化にも寄与すること

などから、地元優先発注には合理性があるとする一方で、「①又は②の観点からは、地元企業と同様の条件を満たす地元外業者もあり得る。価格の有利性の確保の観点を考慮すれば、常に地元優先発注に合理性があるということはできない」とも述べられている。運用次第では、地元優先発注が違法だと判断される可能性は十分にあることになる。

　特命においては、限定的ではあっても競争を伴う地元優先発注よりも、正当性についてより高度な説明が必要になるだろう。手続上は適法な特命を定めた場合でも、特命で指定するための具体的な検討に基づいた合理的な理由がない場合は、「地方自治法244条の2第3項の趣旨に違反し違法である」、あるいは「指定を希望する団体の権利利益を違法に侵害している（不法行為。民法709）」とされる可能性は確かに存在する。

　また、指定管理者制度の本質は契約、つまり、「指定管理委託」である。委託する方法として契約方式よりも、行政処分（指定）方式が適しているので、委託の「方法」が業務委託と異なっているだけである。「契約ではなく指定（行政処分）だから、競争（公募）はしなくてもよい」という理解には全く理由がない。

　公募例外方式の場合における特命は違法（手続違反）であり、申請例外方式や、申出（提出）システムにおける特命は、正当な理由がない限り、違法（権利侵害）であると考えられる。

Q7 応募要項で申請資格を定めることができるか？

本市（A市）では、指定管理者を公募する際に、募集要項でいくつかの応募資格を定めて、公表している。

先日、資格を満たしていない団体Ｘが、申請書を提出してきた。「応募資格がないから申請できません」と何度も説明しているが、Ｘの代表者は理解してくれない。どのような説明や対処をすればよいか。

解説

A市の担当者は困惑しているようである。しかし、このトラブルの原因は、団体Ｘではなく、A市の側にある。

［チェックポイント7-1］募集要項に法的効果はあるか？

A市では、申請資格を募集要項で定めている。まずは、A市の募集要項を検討してみる。

◎A市○○スポーツ施設指定管理者募集要項
○申請資格
　指定申請書提出時点において、次に定める資格を全て満たす法人その他の団体であること。
① 市税の滞納がないこと。
② 市内に事業所があること。
③ 同規模の施設の管理実績があること。

多くの自治体のホームページで同様の例が見られる。しかし、申請システムの場合、申請することは権利であるから、要項や方針決裁などで、申請資格を決めることはできない。条例で保障された「誰でも申請し、自治体の判断を得ることができる」という権利を、否定することになるからである。

この件に限らず、要綱など（議会で決めた規程ではないもの）で条例（議会

で決めた規程)の例外を規定する(=住民の代表の意思を否定する)ことはできない。A市の場合、誰でも申請することができ、自治体には申請を処理して可否を伝える義務が生じる。要項方式で申請資格を限定することは違法である。正確にいえば、

① 要項で定めた資格を満たしていない団体からの申請を拒否することは違法
② 要項によって指定管理者となることができる条件を定めても無効

である。申請資格を定める際に、要項は機能しない。

[チェックポイント7-2] **応募資格に法的効力を持たせる方法は?**

申請システムにおける募集要項の資格の内容を実現するには、申請を受理した後に、審査の基準とするしかない。なお、その施設の指定管理者として普遍的な資格が想定されるのであれば、当該施設の設置管理条例(自治法244の2Ⅰ)や指定管理の共通手続を定めた条例(自治法244の2Ⅳ)に、規定することができる。

● **特命・応募要件設定の違法性**

事例:募集要項で申請条件(例:税の滞納がないこと)を規定している。

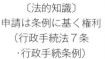
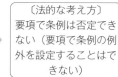
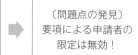

事例:公募を行わず特命(非公募)で候補者を選定している。

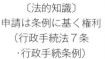
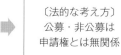
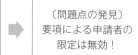

[チェックポイント7-3] 応募資格を条例で定める際の具体的な内容は？

◎F市○○施設の設置及び管理に関する条例
（指定管理者の指定）
第24条　教育委員会は、指定管理者を指定しようとするときは、法人その他の団体であって次の各号に掲げる事項を満たすものを指定する。
（1）　施設の管理を行うに当たり、住民等の平等な利用を確保することができること。
（2）　事業計画書の内容が、施設の効用を最大限に発揮させるとともに、管理業務に係る経費の縮減が図られるものであること。
（3）　事業計画書に沿った施設の管理を安定して行うために必要な人員及び財政的基礎を有していること。
（4）　その他施設の設置の目的を達成するために教育委員会が別に定める要件

　ここで定めるべきなのは、適切な管理を行うために指定管理者として備えていなければならない「直接的で積極的な」資格である。募集要項に多く見られる「税の滞納がない」などの、「間接的で消極的な」資格は想定されていない。もちろん、条例の委任規則など（前記条例例4号）でA市の募集要項のような資格を定めることも不適切である。

[チェックポイント7-4] 「申請」or「申出」の違いと募集要項との関係は？

　申請システムおいては、募集要項で申請資格を定め、資格を満たしていない団体に対して、「申請できない」とすることはできない。申請を受理したあと、1次審査的なもので資格を満たしていないことを確認し、資格を満たしている他の候補団体よりも相対的に軽易な判断で、「落選」の決定をすることになると考えられる。
　申出システムにおいては、受託希望者に申請権を保障しているわけではないので、要項などによって応募要件を決定し、申出のできる団体を限定する

こともできる。「応募要項の資格を満たしていないので審査しません。書類は受け付けません」という対応も可能である。

Q8 指定管理者の利益を自治体へ寄附させることができるか？

本町では、公の施設として葬祭場を設置し、町の外郭団体（出資法人）Y社に指定管理者制度で委託している。利用者は毎年増加しており、Y社は、経費を大きく上回る利用料金を得ている。

最近、「Y社は儲けすぎではないか」という批判と「利益のうち、いくらかでも、町へ寄附させるべきではないか」という意見が、議員や職員から挙がるようになった。

Y社に利益の一部を寄附させることは、できるのか。また、寄附以外にY社の利益を本市に配分する方法はあるか。なお、Y社は本町が最大の出資者であり、町長が代表者となっている。

解説

指定管理者に利益の一部を寄附させている自治体がある。私は、この「寄附」について意見を求められたとき、「止めるべきだ」と即答する。個別の法令を当たるまでもなく、この「寄附」には正当性がないことが明確だからである。

自治体が指定管理者に対して利益の寄附を求めることが、なぜ、違法あるいは不当なのか、また、寄附以外に自治体が指定管理者から利益を配分してもらう方法には、どのようなものがあるのか、以下に、詳しく解説する。

チェックポイント8-1　寄附の法的な性質は？

本件の寄附は、民法上の贈与契約に当たる（民法549）。寄附も売買や請負・準委任（委託）などと同じように契約の一種である。そこで、まずは、契約の成立条件について確認しておく。

チェックポイント8-2　契約における意思（の確保）とは？

契約とは、当事者の意思表示が合うことによって、当事者の権利と義務が発生する法律行為である。権利義務の発生方式としては、契約の他に行政処

分がある。行政処分は当事者の合意ではなく、法令に基づいて国や自治体が一方的に権利義務を発生させるものである。

〔権利義務の発生方式〕
・　契約＝当事者の合意によって権利義務が発生
・　行政処分＝法律や条例に基づく国や自治体の一方的意思によって権利義務が発生

　契約における意思表示は、当然、誰からも強制されない契約当事者の自由な意思に基づくものでなければならない。自治体と指定管理者との契約においても、指定管理者が自治体に対して自由に自己の利益を主張できる環境が確保され、その結果として、契約の中に指定管理者の意思が実現されていなければならないのである。

[チェック
ポイント8-3]　**契約の主体は？**

　契約の主体（当事者）になることができる、つまり、契約の成果物である権利や義務を持つことができる存在を「人」という。人には、「人間」と「法人」とがある。法人とは、特定の目的のために活動する団体が、法律の根拠に基づいて人として見なされ、権利や義務を持つことができるようになったものである。自治体、株式会社、NPO法人などは、人間のように実体はないが法的な意味では確かに「人」であり、契約を締結することができる。

　法人としての資格を持たずに社会的な活動をしている団体も存在する。地縁団体としての登記を持っていない自治会・町内会がその例である。指定管理者の中にも法人でないものもある。自治体への寄附における正当性について考える際は、法人格の有無は直接的な課題にはならないので、ここからは、法人でない指定管理者も法的な人（法人）であるとして稿を進める。

[チェック
ポイント8-4]　**法人（団体）における機関の役割は？**

　法人は権利義務の主体であり契約の主体でもある。しかし、（人間ではないので）自ら契約締結のための意思表示をする、例えば、契約をするかしないかなどを判断することはできない。

そこで、法人に代わって法人のために意思決定を行う者（人間）やその意思決定を補助する者（人間）が法人の内部に必要となる。これらの法人の意思決定や活動を担う者（人間）のことを法人の「機関」という。自治体においては、長、各委員会、職員がここでいう機関である。

[チェックポイント8-5] 法人における契約権限の行使のあり方は？

　法人の機関は、それぞれ法人の意思決定や活動を行う地位と責任を持っている。これを「権限」という。機関は、自らが持っているそれぞれの権限を、自分のためではなく、法人の設立目的や法人の活動を規律している規程（法令や法人内部の決まりごと）に従って、行使しなければならない。

　法人の機関が行った行為の結果は、法人に帰属する。例えば、物品を購入する契約は法人の代表者が行う（契約権限を行使する）が、契約代金の支払いの義務（債務）や物品に関する権利（所有権）は、法人のものとなる。
- 　法人（人）は「権利と義務」を持っている。
- 　法人の機関は法人における「権限」を持っている。

　類似の言葉であり、また、社会活動や自治体の業務で多用される「権利」と「権限」との違いについての理解は、あらゆる法律問題を解決するための最も基本的な事項の一つである。

[チェックポイント8-6] 自治体における契約権限の主体は？

　自治体の中で、契約を誰と結ぶか、また、行政処分（例：指定）を誰に行うかを最終的に決定する権限（法的権限）を持つことができる機関を「執行機関」という。執行機関は、地方自治法によって長と各委員会などに限定されている。条例や規則で、自治体独自の執行機関を設けることはできない（自治法138の4Ⅰ、180の5Ⅰ～Ⅲ）。

　執行機関の権限は、行政分野ごとに割り振られている。例えば、教育行政の実施に必要な権限は、基本的にはすべて教育委員会が持っている。しかし、契約を締結する権限については、公営企業における契約を除いて長に専属している（自治法149②、地教行法22⑤）。寄附契約の締結についても、教育委員会が指定管理者を指定している教育施設に関するものも含め、長が判断す

ることになる。

　長が持つ権限は、自治体に代わって自治体のために行使されなければならない。長が自分や他の団体の利益のために権限を行使することは権限の濫用であり、また、自治体に対する背任行為となる。これは、指定管理者における代表者の権限行使についても当てはまる。

[チェック
ポイント8-7]　**寄附（贈与契約）のしくみは？**

　本問でいう「寄附」とは、指定管理者が一方的に（見返りなしに）、金銭を自治体に支払うものである。よって、民法における贈与契約に当たる（民法549）。しかし、「贈与」では、実務上違和感があると思われるので、寄附が法的には贈与であることを確認した上で、ここから先も主題を「寄附」あるいは「寄附契約」とする。

　寄附契約が一般的な契約と異なるのは、当事者の権利義務が一方的（片務的）な点である。売買契約、委任契約、請負契約は、それぞれ「物（の所有権）とお金」「サービス（を受ける権利）とお金」「成果物（の所有権）とお金」の交換であり、契約当事者の双方の権利（相手方に確実にしてもらえること）と義務（相手方に対して確実にしなければならないこと）が生まれる。

　しかし、寄附契約の場合は、対象となる金銭の使途などの条件が付くという形で、受ける側に付随的な義務が生じることはあるが、基本的には、寄附する側の義務と寄附を受ける側の権利だけが発生する。

[チェック
ポイント8-8]　**寄附契約はどのような場合に行われるか？**

　寄附は契約である。よって、制度的には、互いが合意さえすれば、成立する。しかし、一方だけが利益を得る契約形態なので、通常は、親子間、篤志家と公益・慈善団体の間など特別の関係性を持った者の間や、寄附する側において利害を超えた判断が行われる場合において、成立するものであると考えられる。寄附契約は、売買契約や委託契約などとは同じ契約であっても、成立の際に存在すべき事情や背景が全く異なるのである。

[チェックポイント8-9] **指定管理者の代表者が長である場合の寄附契約の課題は？**

　実際に、指定管理者の利益の一部を自治体へ納付させている例がある。その多くは、自治体の長が代表を務める出資法人が指定管理者となっているケースである。

　この場合に、寄附契約が行われている理由は単純かつ明快である。自治体の代表と指定管理者の代表が同じ人なので、一つの意思で寄附契約が成立しているのである。イメージとしては、自治体の代表であり、指定管理者の代表でもある長が右手と左手にそれぞれ、自治体の代表者印と指定管理者の代表者印を握って、「ポン！」と寄附契約書に押印している。

　しかし、自治体の長であるAと指定管理者の代表であるAは、物理的には同一人物であっても、法的には別人でなければならない。それぞれ、自治体、指定管理者の機関として団体の利益に沿うように、契約権限を行使する義務がある。寄附契約における意思は「一つ」ではなく、「二つ」存在しなければならないのである。それぞれの団体（自治体、指定管理者）の利益を各団体に代わって実現することが、代表者の使命である。

　よって、寄附契約という片方（自治体）しか利益を得ることがない契約を短絡的に「両手押印方式」で実現することは、物理的には可能でも、法的な正当性が全くないと考えられる。両手押印方式による寄附契約は、指定管理者の意思がその代表者を通して反映（擬制）され、成立したものではないからである。

[チェックポイント8-10] **寄附契約における「双方代理の禁止」の意味は？**

　この「両手押印方式」については、民法108条の「同一の法律行為については、当事者双方の代理人となることはできない」という「双方代理の禁止」の規定への抵触であると矮小化して考える者もいる。

　彼らは、指定管理者か自治体かどちらかの契約権限を他の理事や副市町村長に委任すれば、委任があった側の印鑑の名義が変わり、双方代理の規定には違反しなくなる。よって、寄附契約も有効となるという見解を示す。

　しかし、指定管理者である団体は、自治体から独立した「人（権利義務の

主体)」である。団体の代表者は、その立場においては自治体の長ではない。団体の利益を図る立場に立つ団体の機関、いわば、団体の「イタコ」である。

よって、団体の霊がしっかり憑依していなければならない。団体の霊が、「従業員が一生懸命働いて得られた利益を、自治体に寄附してくれぇ〜」などと、イタコである代表者に伝えるはずもない。そのイタコは霊能力（代表者としての自覚・責任感）がないか、あるいは、自治体のイタコである。代表者が自分の団体の利益を犠牲にして自治体の利益を図ることは、その団体に対する背任行為なのである。寄附契約の名義を変えても、その本質は変わらない。

長が代表である指定管理者から、自治体が寄附という形で、利益の納付を受けることはできない。それは、民法の条文に当てはまるかどうかの問題ではなく、客観的に見て、寄附が指定管理者の本当の意思であるとみなせるかどうかの問題なのである。

[チェック ポイント8-11] **指定管理者の代表者が長でない場合の寄附契約の課題は？**

指定管理者の代表者が長ではない場合（民間団体の場合）は、指定管理団体が出資法人の場合と違って、意思は本当に二つ存在する。よって、指定管理者の代表が「契約を締結する」と決定すれば、それが議決機関の決定事項でない限り、寄附契約が有効に成立しそうである。

ここで、個人が寄附する場合と団体が寄附を行う場合とを比較してみる。個人は、寄附するかしないかは完全に自由に決定できる。その寄附の内容が客観的には寄附者本人にとって何のメリットもない場合でも、寄附することは本人の勝手である。そこに制約はない。

しかし、団体（法人）の場合は、人間と違い目的を達成するために意図して設立され、存在している。自治体であれば、「住民福祉の増進」のために「地域（その自治体内）の事務を処理する」ことが目的である（自治法2ほか）。法人の活動や行動様式は、設立目的に適ったものであることが要求される。

よって、代表者の権限も、その設立目的に従って行使されなければならない。個人の判断とは違って、法人の代表者の権限行使には、客観性が要求されるのである。

指定管理者の代表者が、寄附契約を締結して、自治体への利益配分を決定する客観的な動機はない。企業が地域貢献などのために自治体へ寄附を行う場合があるが、事情が全く異なる。本件は、契約によって得た利益を契約の相手方へ配分するという、法人（団体）にとっては自己の存在意義を否定するような行為であり、実質的には、委託契約の事後における不利益変更である。

　それを代表者が自ら意思決定することの正当性は、見当たらない。法人の代表者の意思は、客観的にその法人の利益を図るものであると、評価できるものでなければならないのである。

　よって、指定管理者が民間団体の場合も、代表者が適正にその権限を行使するならば、自治体との寄附契約は成立しないはずである。

[チェックポイント8-12]　**指定管理者へ寄附を要求することは正当か？**

　そもそも、自治体が指定管理者に寄附を要求することは、立場を利用した強制に過ぎない。道路工事の業者に、「今回の工事は利益が多かったようだから、少し返還してくれないか」と要求することに、理由があるだろうか。委託内容を適正に履行して、その上で利益が大きすぎるのであれば、それは、自治体が設定した委託料が不適当であったからか、あるいは、受託者の努力の結果であり、利益の再配分の動機には全くなり得ないと考えられる。

[チェックポイント8-13]　**寄附方式に代わる利益の再配分の方法は？**
　　　　　　　　　　～協定方式～

　指定管理者の収益を自治体に納付（再配分）させるには、寄附方式ではなく、指定する際の条件として明確に示した上で、協定の内容の一つとして規定することが必要となる。一定の条件で公の施設の管理受託契約を得られるのだから、基本的には、団体の利益を害することにはならない。

　以下に、協定による利益の配分の手続について検討する。

[チェック ポイント8-14] 指定管理者制度における協定の役割は？

　まず、再確認しておく。指定管理者制度は委託の一つである。「指定管理委託」である。業務委託と違うのは、契約ではなく、指定という行政処分で委託先を決定する点にある。

　この点について、解説書などでは、「指定した後、指定管理者と契約を締結する必要はない」と端的に述べられている。その意味は、「指定管理者としての権利義務（地位）は、指定（行政処分）によって設定されるので、重ねて権利義務の発生手段である契約を締結することはおかしい」というものである。

　ただし、この「契約か行政処分か」の違いは、委託先の決定方法の違いに留まる。委託内容や自治体と委託先との関係、さらには、議会での審議の在り方において、業務委託と指定管理者制度とを差別化する理由にはならない。

[チェック ポイント8-15] 指定管理における協定と業務委託契約とはどう違うか？

　業務委託契約の場合、通常、締結そのものと契約内容の決定とを分離させることはない。議決が必要な契約の場合、議決事項である対象業務、契約先、金額だけを先に決定し、議決後に具体的な契約内容を自治体と業者とで合意する、ということはしない。

　仮契約という形で、議決前に契約内容のほとんどは決定されている。内容を確定し、あとは、議決による効力の発生を待つという形が採られている。よって、契約議案の審議においては、議案書には記載されていない具体的な契約内容についても、議員から質問されれば、当然、説明することになる。

　指定管理者を決定する議案（指定議案）では、対象施設、候補者、期間などの指定管理における基本事項だけを決定する。これは、契約議案の内容とほぼ同じである。指定管理者が行う業務の内容、つまり、業務委託契約における具体的な内容は協定書で定められる。内容の面からみると「契約＝指定＋協定」である。

チェックポイント8-16　協定締結の過程と議会の審議との関係は？

　業務委託における契約方式と指定管理者制度における指定方式は委託先の決定方法の違いにすぎない。よって、指定議案を作成した時点で、議決が必要な委託契約の場合における仮契約と同じように、協定の内容も確定していなければならない。

　イメージとしては、「指定議案が可決されれば、あとは、作成済みの協定書案を再確認して、自治体と指定管理者が押印するだけ」ということになる。そもそも指定の候補者を選定する段階で、委託料、管理の方針、事業の内容などを審査しているのであるから、指定議案が可決した後に、一部の詳細な部分は別として、協定の内容を本格的に協議するなどということは適法な指定手続とはいえない。

　この点について、契約とは違って「指定」と「協定」と形式が分離しているため、「指定候補者選定→議決→協定」でよいと誤解している自治体がある。形式的な段取りとしてはそのとおりであるが、協定の内容は契約の場合と同じように、指定候補者を選定した段階で確定しておかなければならない。

　指定の議決を受けた後から、協定案の主な内容を変更することは、公正ではない。契約の議決を経た後に、仮契約の内容を変更するのと同じであり、実質的な議案の事後修正に当たるとも考えられる。指定管理者の選定や指定管理者への委託内容の確定における正当性を確保するに当たっては、業務委託契約の場合と同じ時系列が要求されるのである。

チェックポイント8-17　指定議案の議会における審議の対象は？

　よって、指定議案の審議においても、業務委託契約の議案の審議の際と同じように、議案書には記載されていない、つまり、指定そのものの内容ではない委託料の額や、指定管理者が実施する予定の事業の内容についても、答えることになる。

　「議決の対象となる指定の内容は候補者と期間だけなのだから、議会はその範囲だけで判断すべきだ」とか「落選した候補者の提案内容や委託料の開示要求は、議会の越権だ。そこまでの説明はしなくていいはずだ」という考

えを持つことには理由がない。「議決の対象かどうか」と「議案の審議に必要な事項かどうか」とは別の問題である。

　議会に提示することが、指定管理者や落選した団体の権利利益を不当に侵害するような内容でない限り、指定議案の審議においては候補者選定の過程において使用した情報についても、明らかにしなければならない。そうでなければ、指定議案についての実質的な審議が成立しない。

　また、本稿とは直接は関係ないが、指定管理業務の実態に合わせて指定期間内の年度ごとに委託料を見直している例がある。業務委託契約との対比から適当ではないと考えられる。協定は契約としての意味を持っているのであるから、「3年間はこの委託料（定額あるいは計算式）で」と決定しておくべきであり、自治体や指定管理者の事情で変更する余地を残すべきものではない。

　委託者としての自治体の立場と受託者としての指定管理者の経営にとってはメリットがあるが、自治体の見込み違いや指定管理者の管理・収益能力の不足が都合よく補われてしまい、効果的な指定管理者制度の運用や施設の客観的な状況の把握にはつながらない。

[チェック
ポイント8-18] **協定による利益配分の対象となるべき施設は？**

　寄附契約ではなく、指定条件を示した上で協定を結ぶのであれば、とにかく指定管理者から自治体への利益の配分が正当化される、というわけではない。「なぜ、この施設の利益を自治体へ配分するのか」ということについての明確な理由が必要である。業務委託契約では、業者がどんなに利益を上げても自治体に納付させることなどあり得ず、また、大半の指定管理者には利益の配分は求めない。

　利益配分の対象とすべきなのは、多くの収益を生み出す施設である。具体的には、業務委託契約に置き換えた場合、つまり、仮に競争入札で指定管理者を選定するとした場合に、設定されるはずの適正な委託料（契約金額）を上回る収入が、指定管理者に見込まれる施設が協定による利益配分の対象であると考えられる。

[チェックポイント8-19] 指定条件＋協定による利益配分の方法は？①
～「清算方式」～

具体的な利益配分の方法について検討してみる。

指定条件で示した上で、協定において、「利益の○％は自治体に納付する」「○万円以上利益が発生した場合は、その額を自治体に納付する」という形で、「利益の事後清算」を規定する例がある。

結果として指定管理者の利益がいくらであっても、自治体が適正と考える幅に利益を圧縮できる。よって、「儲けすぎ」という批判には応えることができる。

しかし、この清算方式では、自治体に納付される金額が、指定管理者の団体の努力次第で増減することになってしまう。自治体が締結する協定（契約）の内容として、適切とはいえない。また、法制度的な課題ではないが、指定管理者の意欲にも影響するだろう。

[チェックポイント8-20] 指定条件＋協定による利益配分の方法は？②
～「定額方式」～

協定において、「毎年度○万円を納付する」と指定管理者から自治体への納付金額を、定額で規定する方式である。施設の建設費の負担が自治体に残っている場合などに用いられる。

この定額方式では、指定管理者に利益がなくても（赤字であっても）、毎年度、自治体に一定の金額を納付しなければならない。一見、指定管理者に厳しい条件のようであるが、経営の予測可能性を確保する上では、定額方式が清算方式よりも適当であると考えられる。

「いくらで仕事を請負うのか」がトータルではっきりするので、契約に必要な指定管理者の自由意思が、本当の意味で確保されるからである。

契約を締結する（ここでは協定を結ぶ）に当たっては、契約内容、つまり自分が負うこととなる義務の内容を把握できていなければならない。「利益の○％」よりも「○万円」の方が、義務の内容が明確にされている。代表者にとって、団体の機関として団体の利益のための意思決定を行った（団体を

害する意思決定はしていない）という客観的な評価を得やすいだろう。

　清算方式においても指定管理者の意思によって協定が締結されてはいるが、協定の中で最も重要な内容の一つである金銭のやり取りに関する事項（自治体への納付額）が、未確定なままになってしまっている。

　定額方式によって、協定で「施設を効果的に管理した場合に得られなければならない（自然とついてくる）利用料金収入総額と想定委託料との差額」を、指定管理者から自治体へ納付させることは検討されてもよい。いずれにしろ、協定によって指定管理者から自治体へ配分される金額は、「実績に基づく金額」ではなく、「設定した金額」であるべきだと考えられる。

[チェックポイント8-21] 指定管理者から自治体へ利益を配分することは正当か？

　自治体では、指定管理者制度ができる以前から、道路補修、印刷物の作成、庁舎の清掃などさまざまな業務を、民間団体に委託してきた。そこでは、「儲けすぎだから利益を返せ」などという自治体からの要求は存在しないし、また、実現できない。

　では、なぜ、公の施設の管理の委託において、「利益を寄附させてはどうか」などという発想や議論が起こるのか。おそらく、「指定管理は委託とは違う（委託ではない）」という、観念的な思い込みが原因となっているようである。

　実際に、指定管理者制度が導入された平成15年当時は、「余った委託料は返還すべきだ」などと考えている自治体職員も、少なくなかった。「委託料が余る」という概念自体が成立しない（意味が不明である）が、おそらく、「委託料－経費＝余り（返還すべき）」という数式が、彼らの頭の中にあったのだろう。

　指定管理者は、「何のために、誰のために、業務を受託するという意思決定をしているのか」という、指定管理者の存在意義についての理解がなかったのである。

　現在の「指定管理者の利益を自治体へ寄附させる」という考え方も、その誤解の延長線上にある。存在意義が同じである委託業者と指定管理者とを、利益の配分において差別化する理由はない。ここでは、行き着くところ、指

定管理者という団体の権利義務についての理解、つまり、広い意味での人権意識が問われているのである。

　指定管理者に対しては、年度ごとに事業報告書を提出させる（自治法244の2Ⅶ）。そこには、利益を示す数字が存在する。しかし、適正な業務を実施し、労働関係法規にしたがって従業員に賃金を支払っていれば、多大な利益が出ていても、自治体が良し悪しを述べる必要も資格もないと考えられる。

　利益が予想を大きく上回っているのであれば、それが、指定管理者の努力によるものなのか、利用料金の規定や委託料の設定によるものなのかなどの要因（「原因」であるとは限らない）を分析・検討した上で、次回の指定に反映させていくことになる。

　指定管理者から自治体への利益の納付（再配分）については、基本的には要求すべきではない。業務委託契約に置き換えた場合の適正な委託料（契約金額）を上回る収入が、指定管理者に見込まれる場合などに、協定による定額方式を採用することになる。

　いくつかの自治体で行われている「代表者が同じであるから、両手で印鑑を持って、そのまま押せば寄附契約ができる」という物理的な思考ではなく、「指定管理者と自治体との権利義務を適正に設定した上で、目的を達成する」という法的思考で、指定管理者制度における課題を解決していかなければならない。

　「利益を寄附させる」という発想自体が違法・不当であることを、確認されたい。

Q9　指定管理者に補助金を交付できるか？

　指定管理者制度の解説書には、「指定管理者にも補助金を交付することができる」と書いてある。そこには、その根拠として最高裁の判決も紹介されている。

　しかし、委託した事業の実施に対して補助金を交付するというのは、とても、おかしな話だと思える。この解説書の記述は本当に正しいのか。

解説

　指定管理者は、公の施設の管理に要する費用を、自治体からの委託料や利用料金で賄うことになる。しかし、集客の不振や管理費用の高騰（見込み違い）、さらには、新規事業の実施などによって、損失が発生する（赤字になる）ことも考えられる。

　実際に、赤字になっている指定管理者も存在する。その際に、自治体が補助金を交付して指定管理者を援助できるだろうか。

　ここでは、指定管理者に対する補助金交付の適法性について、制度面と裁判例から解説する。

[チェックポイント9-1] 委託と補助との違いは？

　まずは、指定管理者制度を含む委託と補助金交付（補助）とを比較してみる。

　自治体の資金を使って、自治体以外の団体や個人（団体等）が公益的な事業を実施するためには、「委託」と「補助」の二つの方法がある。委託と補助のどちらにおいても、実際に事業を実施して住民にサービスを提供するのは自治体ではなく、委託や補助の対象となる団体や個人（団体等）である。

　しかし、委託と補助とでは事業の位置付けや自治体と事業を実施する団体との法的な関係が全く異なる。指定管理者制度などの「委託」とは、自治体が行うべき事務を団体等に任せることである。一方、「補助」は、団体等の活動に一定の公益性を見出して、自治体が経費を援助するものである。

よって、事業の主体、つまり「(そもそも) 誰の事業か」については、委託の場合は自治体であり、補助の場合は実際に事業を行う団体等になる。委託と補助とでは事業の内容は変わらなくても事業の主体が正反対になる、正確にいえば、事業の主体が正反対の場合に用いられる手法なのである。

よって、公益的な事業の実施方法は、以下のようになる。

ア　自治体の事業として、自治体が実施する（いわゆる「直営」）
イ　自治体の事業として、団体等に委託する（事業を団体等に実施させる）
ウ　団体等の事業として、自治体が補助を行う（団体等の事業の実施を支援する）
エ　団体等の事業として、団体等が独自に行う

事業の実施における法律関係は、原則的には、委託の場合は自治体と住民の間に発生し、補助の場合は団体等と住民との間に発生する。住民に損害を与えた場合の賠償責任も、原則として、委託のときは自治体に発生し、補助においては団体が賠償責任を負うことになる。

●委託と補助の違い

	事業の主体	事業の実施
直営	自治体	自治体
委託	自治体	受託団体
補助	被補助団体	被補助団体

[チェックポイント9-2]　**委託や補助の対象となる事務事業は？**

法律や条例（法令）で自治体が実施することとされている事業については、自治体が主体でなければならない。自治体自らが行う（いわゆる「直営」）か、あるいは、団体等に委託して実施させることとなる。公の施設の管理も、その例である（自治法244）。

補助方式では、事業の主体が自治体ではなく補助の相手方になるので、その事業が実施されたとしても、法令で定められた事業の実施義務を自治体が果たしたことにはならない（根拠法に関係なく、たまたまその事業を団体等が行っただけである）。

一方、法令で実施が義務付けられていない事務や事業、つまりは、自治体が行うことが任意である事業については、直営や委託だけではなく、団体等の事業として位置付け、その団体に自治体が補助を行うという形態で実現させることもできる。

● 委託と補助の対象

	法令等で自治体が必ず実施しなければならない事業（必要的事業）かどうか	
	必要的事業	必要的事業ではない
委託の対象	○	○
補助の対象	×	○

[チェックポイント9-3] **指定管理者に補助金は交付できるか？**

指定管理者制度を含む委託と補助とは事務の主体が反対であり、また、自治体自らが事務や事業を行わず、団体に行わせる場合において選択的に用いるものである。よって、今回のQのきっかけとなっている「委託先である指定管理者に補助金を交付することは、おかしい」という感覚や理解は極めて正当である。

ある特定の事業の実施において、同じ団体などに対して、自治体が「委託して補助もする」ことは、その事業の主体が自治体なのか自治体ではないのか（誰が責任主体なのか）を分からなくしてしまう。「事業主体の二重設定」であり、「委託料と補助金の二重払い」である。

補助金を指定管理者に交付すること、つまり、指定管理者に対して委託した公の施設の管理に必要な経費を、委託料のほかに補助金として交付することは、できないと考えられる。

[チェックポイント9-4] **指定管理者に対する補助金交付についての裁判例は？**

指定管理者に対する補助金支出については、大分県旧挟間町（以下「挟間町」という）の公の施設「陣屋の村」（現在は、休止中）に関する裁判例が参考になる。この「陣屋の村事件」の各判決を検討してみる。

・最高裁—平成17年10月28日、平成14年（行ヒ）第144号
・福岡高裁—平成14年2月21日、平成13年（行コ）第14号
・大分地裁—平成13年3月19日、平成10年（行ウ）第7号
（参考：「判例地方自治」278号、224号（ぎょうせい））

（1）事件の前提となった事実

　陣屋の村事件は、町が公の施設の運営を委託している団体に対してした補助金の交付について、狭間町の住民が違法であると主張した事件（住民訴訟）である。具体的な事実関係は、以下のとおり。

① 　町は、「狭間町陣屋の村自然活用施設の設置及び管理に関する条例」を制定し、公の施設として、「狭間町陣屋の村自然活用施設（陣屋の村）」を設置した。

　　この条例で定められている陣屋の村の設置目的は、「町の豊かな自然を生かし、農業構造を再編し、生産性の高い集落農業の確立と活力ある地域づくりを目指しながら、自然教室として学童、住民に農業に親しむ機会を与えるとともに、都市との交流を促進する」というものであった。陣屋の村には、農林漁業体験実習施設、食堂、宿泊施設等が設けられていた。

② 　町は、陣屋の村振興協会（以下「振興協会」という）を設立し、陣屋の村の管理を委託していた。

③ 　振興協会における陣屋の村の運営収支は、毎年度赤字となっており、町は、この赤字を補塡するために、振興協会に対して毎年度補助金を交付していた。

（2）判決の分析

　陣屋の村事件における最高裁と大分地裁それぞれの判決理由の一部である。趣旨は同じである。

【最高裁】

　「振興協会は、陣屋の村の管理及び運営の事業を行うことを目的として町により設立されたものであって、町から委託を受けて専ら陣屋の村の管理及

び運営に当たっているというのであるから、その運営によって生じた赤字を補塡するために補助金を交付することには公益上の必要があるとした町の判断は、一般的には不合理なものではないということができる。」

【大分地裁】
　「挾間町が、振興協会が陣屋の村を運営することにより生じる経営赤字を補塡するために補助金を支出したとしても、原則として、その支出自体には公益性が認められるというべきである。なぜなら、陣屋の村の目的そのものが公益性を有するものであり、振興協会が右目的に従って陣屋の村を運営している以上、陣屋の村を運営する振興協会の経営赤字を補塡することにより、陣屋の村の健全な維持を図ることができるからである。」

　それぞれの判決では、「振興協会への補助金の交付は違法ではない」とされている。この事件での振興協会は指定管理者ではなく（当時、指定管理者制度はなかった）、業務委託契約（指定管理者制度の前身である「管理委託制度」によるものであったと思われる）の受託者であるが、指定管理者と同様に考えてかまわない。
　よって、一見すると、指定管理者に補助金を交付できるということになりそうである。9－3の結論とは異なる。
　しかし、振興協会は、
① 陣屋の村の管理受託者である
②（管理受託者ではない）一つの公益法人（団体）である
という二つの立場を持っている。本件の補助金は、①ではなく、②の立場に対して交付されたものである。補助金交付の目的は、公益的な事業を行っている振興協会における赤字の補塡である。その公益的事業の内容が陣屋の村の管理なのである。陣屋の村の管理業務の実施そのものに対する補助金ではない。
　言い換えれば、振興協会の業務（専務）が陣屋の村の管理運営ではなく、他の公益的な事業であっても、振興協会の赤字を補塡する目的での補助金は交付できる。反対に、陣屋の村の管理を受託している団体であっても、他の

非公益的な事業も行っている団体であれば、赤字補塡の補助金交付が違法となる場合もある。

　Qで質問者が参考にした解説書においては、一団体としての振興協会への補助金が、受託者（指定管理者）としての振興協会への補助金であるという間違った理解がされた上で、「指定管理者にも補助金が交付できる」と一般化されていると考えられる。

[チェックポイント9-5] 指定管理者へ補助金を交付できる場合は？

　陣屋の村事件における振興協会への補助金のように、指定管理者へ交付される補助金であっても、指定管理者としての立場に対して交付されるものではない場合は、そもそも、今回のテーマである「指定管理者へ補助金が交付できるか」という問題にかかわりなく交付の可否を判断できる。

　よって、「指定管理者に対して補助金として交付することはできない」という本書の結論と、「振興協会への補助金交付は適法である」という陣屋の村事件の判決とは矛盾しない。

　民間企業など指定管理業務だけではなく、さまざまな活動をしている指定管理者も少なくない。その活動ごとに創られる法的な立場（権利義務の相手方・内容）は別である。

　よって、指定管理業務に対して交付されるものではない補助金は、指定管

● **指定管理者に対する補助金の類型と適法性**

	補助金の対象	「委託と補助の二重払い」の観点からの適法性
1	指定管理業務と全く関係のない一法人としての事業	○
2	指定管理業務（管理行為）	×
3	許可を受けずに行う自主事業（管理行為）	×
4	許可を受けて行う自主事業（営利行為）	○
5	指定管理者への経営支援	×
6	指定管理者ではなく、一法人としての経営への支援	○

理者へ交付される補助金ではなく、指定管理者ではない一団体に対する補助金としてその可否を判断することになる。

指定管理業務のうち、協定に規定されていない事業（新規事業）の実施に対する補助金も同様である。新規事業のうち、指定管理者が許可や目的外使用許可を得て行う事業は、管理行為ではないので、法的には指定管理者としての事業ではない。補助金交付の対象にできる。

[チェック
ポイント9-6] **補助金交付の裁判例は実務にどう生かせるか？**

ここで、最高裁判決をもう少し詳しく、分析してみる。

(1) 判決の前提

「振興協会への補助金は適法である」という最高裁の判決は否定しようがない。しかし、疑問が残る。「振興協会へ交付された補助金は本当に指定管理者としての振興協会へ交付されたものではないといえるのか」、具体的には、陣屋の村事件において「委託料と補助金の二重払いは生じていないのか」という点である。

判決の要旨は、「振興協会は陣屋の村の管理だけを行っている団体である。よって、振興協会への補助金は陣屋の村の運営に役立つ。だから、原則的には（よほどの無駄遣いがない限り）違法ではない」というものである。繰り返しになるが、「（直接に）陣屋の村の管理経費に充てるための補助金である」とはされていない。「二重払いである」とは認定されていない。ここがポイントである。

振興協会は、「①陣屋の村の管理受託者」「②公益法人」という二つの立場を持っている。そこで、判決では、「①に委託して②に補助をしている。だから、委託と補助の二重設定や委託料と補助金の二重払いは生じていない」という前提に基づいているようである。

(2) 判決への疑問

しかし、振興協会は、結果として「③陣屋の村の管理だけを行う公益法人である」という実態を有している。振興協会は、「当該受託業務を専業とす

る公益団体」なのであり、挾間町からみれば、委託先と補助金の交付先はぴったり一致する。単に対象が同じ団体(振興協会)であるというだけではない、委託料の支出と補助金の交付における対象・趣旨・目的の一致である。

　ということは、公益団体としての振興協会への補助金も結局、指定管理業務の実施に対する補助金としての性格を併せ持っていることになる。振興協会への補助金は、形式的には「受託者ではない団体としての振興協会」への補助金であるが、実質的には、「委託料と補助金の二重払い」が発生していることが分かる。

　本当に補助金を交付したのではなく、「受託業務の実施費用を委託料で賄えなくなったので、補助金で補おうとした」と評価できるのである。このような「補助金による委託料の補完」が許されるのであれば、「委託(契約)」「補助」の意味そのものが失われてしまう。

(3) 判決の背景

　裁判は、基本的に当事者の主張に沿って展開される。陣屋の村事件では、補助金を交付するきっかけとなった振興協会の赤字の発生原因が主な争点にされた。人件費の増大を伴う従業員の増員が漫然と行われたかどうかなどである。

　つまり、実質的な補助金であることは前提に置いた(認めた)上で、補助金としての目的や効果の違法性が争われたのである。そこでは、「そもそも本件補助金は、本当の意味での補助金ではなく、実質的には委託料の違法な増額である」との主張はされていない。当該主張を行ったとした場合の判決への影響は測りかねるが、「委託と補助の違い」を裁判の当事者がもっと理解すべきであったとは思われる。

　振興協会が、仮にいくつかの公益事業を行っている団体であって、本件のような赤字補塡のための補助金を交付されていたとするなら、その補助金は陣屋の村の管理のための補助金(実質的な委託料の増額)であるとの疑問は生じない。自治会や年長者クラブに対する経営支援のための補助金と同様である。本当の意味での「管理受託者ではない一法人としての振興協会への補助金」となる。

しかし、本件のように、振興協会が管理事務しか行っておらず、しかも、時系列的に委託契約とその業務の実施結果を追いかける形で、「委託業務における損失の穴埋め補助金の交付すること」には、他の委託契約やその当事者である民間団体などとの対比も含めて、判決が認めた振興協会への補助金の公益的効果とは別の（それ以前の）問題として、根本的な不正義（違法）が含まれている。

（4）判決の評価と実務への反映

よって、陣屋の村事件における振興協会と同様の性格を持っている団体、つまり、指定管理業務を専業としている団体に対して、赤字補塡などの経営支援を目的とした補助金（事業実施のための補助金は外形的にも「二重払い」なので交付できない）を交付することには慎重になるべきである。

具体的に理解できる方法で、議会や住民に補助金交付の正当性を説明することは困難だからである。「同じような例が最高裁で認められたから」だけでは説明にはならない。

> [チェック
ポイント9-7] **自治体における補助金交付の課題は？①**
> 　　　　　　～補助金交付の根拠規定～

指定管理者に対するものだけではなく、補助金の性質・補助金交付における一般的な原則についても解説しておく。

補助金は補助を受ける団体・個人の事業・経営について、自治体が金銭を交付して援助するものである。公金の支出であるから、当然、自治体や社会全体にとって有用な目的と効果がなければ補助金は交付できない。そのことが地方自治法に規定されている（自治法232の2）。

ほとんどの自治体には、補助金交付における手続に関する統一的な規定として補助金交付規則がある。その上で、目的、対象、金額などの各補助金の内容は補助対象事業ごとに、要綱で定められている。補助金の内容が要綱で定められている主な理由としては、

① 機動的な予算執行（国や県から早急な提案があった場合など）に対応するため

② 条例で定めなければならないという規定がないため（自治法14Ⅱ）が挙げられる。

②に関しては、補助金の交付は原則的な条例事項（義務付けや権利の制限。自治法14Ⅱ）ではなく、また、法律で定められた個別的な条例事項でもない。しかし、補助額や総予算が高額である場合や長期にわたって交付する見込みがある場合には、議会での議論や審議を経て、（あえて）補助金交付条例を制定すべきであると考えられる。

補助金交付規則は、原則としてすべての補助金の交付に適用される。その意味から、各補助金交付要綱を団子に、補助金交付規則を団子の串に例えることができる。手づかみ（要綱だけ）ではなく、串に刺して（補助金交付規則）で清潔（平等・公平）に補助金を交付する、というイメージである。

[チェック ポイント9-8] **自治体における補助金交付の課題は？②**
～補助金交付の根拠～

自治体が補助金を交付できる根拠は、地方自治法に置かれている。

◎地方自治法
（寄附又は補助）
第232条の2　普通地方公共団体は、その公益上必要がある場合においては、寄附又は補助をすることができる。

補助金を交付するための要件である「その公益上必要がある場合において」については、補助金に限らず、そもそも公金を支出するためには公益性がなければならないことは自明である。よって、当たり前のことを規定しているだけで、実質的には要件としては機能していないようにも思える。

しかし、ここでの「公益」は何らかの公益が少しでもある場合すべてを指すのではなく、一定以上の公益性を補助金の交付に際して要求している量的な要件であると、一応は考えられる。

補助金交付を適法にするために必要とされる「公益の量」について、実際に交付され、適法であるとされている補助金の公益性で確認してみる。

○ 老朽空き家の撤去費用の補助
　→撤去費用の軽減（私益）→近隣住民の安全安心の確保（公益）
○ 中小企業の研究開発費用の補助
　→経営改善（私益）→地域雇用の増進（公益）

　いずれも、直接的には補助金を交付される団体・個人が利益を受けるものである。「公益」は、間接的に図られているにすぎない。この程度の「公益上の必要（公益性）」があれば、原則的には補助金の支給は適法であるとみなされている。公益性は、かなり広く認定される。克服すべき「公益性の量的ハードル」はかなり低い。

　結局、適法に補助金を交付するための要件であるように見える「その公益上必要がある場合において」は、許可や命令の根拠法令における要件のように実質的なものではなく、むしろ、補助金交付のためのおおまかな方向性を示す指針であると考えられる。

[チェックポイント9-9] **自治体における補助金交付における課題は？③**
　　　　　　　　〜補助金交付決定の処分性〜

　補助金交付の申請については、申請者の権利を保障した行政手続条例を適用除外としている自治体が大多数である。

◎○○市行政手続条例

（適用除外）

第3条　次に掲げる処分及び行政指導については、次章から第4章の2までの規定は、適用しない。

　（9）　補助金等（○○市補助金等交付規則第○条第○項に規定する補助金等をいう。）に係る交付の決定その他の処分

　この行政手続条例における適用除外の規定は、補助金交付決定が行政処分（処分）であることを前提としている。

　にもかかわらず、「補助金交付決定は行政処分ではない。契約の締結である」としている自治体が大多数である。補助金交付は契約関係であるとする

裁判例によっているようである。しかし、
① 自らの例規（行政手続条例、補助金交付規則）で、処分であると認めていること
② 一般的には処分であるほうが相手方（申請者）に有利であること
③ 交付決定は義務付けや権利を制限する内容ではないので規則でも行政処分の根拠となりえること（自治法15）
④ 裁判の対象となった補助金交付規則の中には名宛人が職員になっている（例：「申請書を提出させなければならない」）、つまり、訓令・内規として創られているものもあり（よって、仮に条例であっても「決定」は行政処分にはならない）、補助金交付規則による交付決定の処分性の有無についての原則論を、既存の裁判例から正しく導き出せるかどうかについては、疑問が残ること

から補助金の交付決定を行政処分として取り扱うか、あるいは、確実に契約（非行政処分）であると理解できるように、例規を改正・整備すべきであると考えられる。

[チェックポイント9-10] **自治体における補助金交付における課題は？④**
～国や県からの補助金～

　地域における課題の解決のために、国や県から市町村に多種多様な補助金が支出される。しかし、それらの補助金の対象事業の中には、本来は、国や県が実施すべき内容の事業であるにもかかわらず、市町村が取り組むことが条件となっているもの、つまり、国や県から委託を受けて、市町村が行うべきであると考えられる事業も含まれている。

　「補助金の交付を受ける」ということは、被交付団体、つまり、市町村が、その補助対象となった事業について、自らの責務において実施すべき事業であることを認めたことになる。

　法律で市町村の事務であると位置付けられているもの以外の事務については、補助金の交付と引き換えに、地域における重要課題がなしくずしに、市町村の責任として位置付けられないように、留意すべきである。これは、事業の実施や事業の対象となっている行政課題に起因する事故等における、住

Q9　指定管理者に補助金を交付できるか？

民への損害賠償義務の所在にもかかわる重要な問題である。補助金に対して「手を挙げる」ことの意味を、再確認する必要がある。

[チェックポイント9-11]　**自治体における補助金交付における課題は？⑤**
〜補助金の返還命令の効力〜

　補助金交付規則には、補助金を目的外に使用した場合などに補助金の返還を命ずる規定が置かれている。

> ◎○○市補助金等交付規則
> （補助金等の返還）
> 第19条　市長は、補助金等の交付の決定を取り消した場合において、補助事業等の当該取消に係る部分に関し、すでに補助金等が交付されているときは、期限を定めて、その返還を命ずるものとする。

　しかし、補助金の返還命令は、補助金の返還義務を決定するものであるから、条例で規定しなければ、命令（行政処分）としての効力がない（自治法14Ⅱ）。

　よって、補助金の交付については、一般的には規則と要綱で定められているので、補助金交付規則や補助金交付要綱による返還「命令」は、根拠条文の表現が「命ずる」となっているだけであり、法的な命令ではなく、行政処分としての効力はないことになる。自治体による補助金返還の要求でしかないのである。

　相手が同意しない場合は、裁判によらなければ、補助金を不正に使用したことや補助の目的を達成しなかったことを確定した上で、補助金交付の法律関係を解消することはできない。なお、条例で定めたとしても、補助金の返還金債権は強制徴収できない。また、延滞金徴収の対象とはならない（自治法231の3Ⅱ・Ⅲ）。

[チェックポイント9-12] **自治体における補助金交付における課題は？⑥**
～補助金の交付主体～

　国か県から補助金の原資が交付された場合、「これは、国の（県の）補助金です」と住民に国（県）が作成した交付要綱を示す市町村の職員がいる。

　しかし、原資を国や県が負担し、全国一律に設けられている補助制度であっても、自治体の歳入として国や県から受け入れた上で、自治体が補助金を出している（補助金交付決定が市町村長名である）のなら、それは完全無欠の「わがまちの補助金」である。補助金交付要綱の作成が必要となる。

[チェックポイント9-13] **観光施設を公の施設として設置することは適法か？**

　陣屋の村事件の裁判では、挾間町が管理を委託した振興協会が行った、町外からの集客を積極的に図るという事業の実施形態が、施設の設置目的や公の施設のあり方に照らして適法かどうか、についても争点となった。観光施設などの設置や管理に参考となると思われるので、確定している大分地裁判決の内容を紹介しておく。

（1）「住民以外の利用が多いこと」について
【原告の主張】
　陣屋の村は、地方自治法244条の2に基づく住民の福祉増進のための公の施設であり、設置管理条例の2条には「豊かな自然を生かし、自然教室として学童、住民に農業に親しむ機会を与え、都市との交流を促進する」と規定されている。しかし、陣屋の村の中心的施設である童里夢館は、農林漁業体験実習館として造られたにもかかわらず、主に町外からの宿泊客が利用しており、町民のための施設、つまり、公の施設になっていない。

【判決】
　陣屋の村の利用者のうち挾間町民の割合は20パーセント程度であるから、陣屋の村の利用者全体に対する挾間町民の利用者の割合が少ないことは明らかである。

しかし、挾間町が人口の多い大分市と別府市に隣接していることなどを考えあわせると、陣屋の村の施設利用者のうち20パーセント程度が挾間町民であるという実態は、挾間町民が、かなりの頻度で陣屋の村を利用していることを示している。

（2）「大規模な集客事業の実施」について
【原告の主張】
挾間町は、1億6000万円もの建築費をかけ、観光振興を目的とした吊り橋を陣屋の村内に設置している。このような運営形態は、条例に定めた陣屋の村の設置目的から逸脱している。

【判決】
条例が、陣屋の村の目的として「都市との交流を促進する」ことも掲げていることからすると、挾間町が、陣屋の村に挾間町外の住民を集客することに力を注いだからといって、そのこと自体が陣屋の村の設置目的を逸脱するとはいえない。

（3）まとめ
陣屋の村事件の判決からは、住民以外の利用者が相対的に多くても公の施設としての性質は失われず、また、観光振興を目的とした事業を積極的に行っても公の施設の管理として不適切であるとはいえない、ということになる。

自治体においては、その必要性を十分に見極める必要はあるものの、設置目的、設備、事業の内容において多様な形態の公の施設の設置が可能であり、「体育館、公民館、図書館、プール……」という典型的な公の施設の範囲に限定する必要はないことが改めて確認できる。

一方で、集客施設は普通財産として管理している場合も多いようである。条例によって公の施設として管理していない理由を住民や議会に説明することや、さらには、指摘があれば、普通財産から公の施設（行政財産）にする検討も行うべきであると考えられる。

Q10 指定はどのような性質を持った行政処分か？

本市の法制担当は、指定管理者制度における「指定」とは、契約の締結ではなく、行政行為だと言っている。解説書にも、同じことが書いてある。しかし、指定が行政行為であるということが、どうも、よく理解できない。なぜなら、他の行政行為とは違うもののように思えるからである。

そこで、指定は本当に契約ではなく行政行為なのか、そして、行政行為であるとするならば、どのような役割や性質を持った行政行為なのか、教えて欲しい。

解説

指定管理者は、議会の議決を経た「指定」で決定される（自治法244の2Ⅲ）。

指定は行政行為ではあるが、例えば、税の賦課、廃棄物処理業の許可、そして、公の施設の許可などのよくある行政行為とは、意味や役割が異なる。それが、質問のような違和感につながっていると思われる。

実際に、指定管理者制度が導入された平成15年当時は、指定が行政行為であることについての理解の困難さが、自治体の現場では話題になっていた。

そこで、指定が行政行為であることを確認した上で、指定がどのような役割を持った行政行為なのかについて、詳しく解説する。

チェックポイント10-1　行政処分と契約との違いは？

指定が本当に行政行為なのかどうかを検討するに当たって、まずは、契約と行政行為とを比較してみる。なお、ここから先は、「行政行為」の代わりに、自治体の実務においてよりなじみが深く、ほぼ同じ意味である「行政処分」を使う。

行政処分も契約も、住民の権利や義務を発生させる手段として用いられる。

- 契約＝当事者の意思によって権利や義務が発生
- 行政処分＝法律や条例に基づく自治体の一方的な意思によって権利や義務が発生

契約においては、原則として法律や条例（法令）によらずに、自治体と受託業者との権利義務が発生する。業務委託も契約であり、法令の根拠はない。例外的に契約に法令の根拠が設けられている場合は、
① 契約の相手方を制限するとき
② 普通の契約にはない特別な法的効果を与えるとき
などである。

法律に契約の根拠がある例としては、地方自治法252条の14の事務の委託がある。この事務の委託では、委託の相手方が自治体であることを条件（①）として、事務（しごと）の主体が移転（②）する。委託の対象となった事務が、委託した自治体の事務ではなく委託先の事務として実施されるのである。

つまり、X市がA施設の管理をY市に事務の委託によって委託した場合には、A施設の管理はY市の事務となる。地方自治法252条の14によらない業務委託の場合は、X市がY市に委託しても、A施設の管理の事務の主体はX市のままである。一般的な民間団体への業務委託と同様である。業務委託の場合は、委託しても直営のときと事務の主体は変わらない。

一方で、行政処分は、当時者の合意ではなく、法令の根拠に基づいて自治体が住民の権利義務を発生させる。

指定管理者制度においても、自治体の権利（＝公の施設の管理を行わせる）と義務（＝委託料を支払う）、そして、指定管理者の権利（＝委託料をもらう）と義務（＝管理業務を行う）をそれぞれ発生させる必要がある。よって、自治体と団体との間で契約を締結するか、あるいは、自治体による行政処分が団体に対して行われなければならないことになる。

[チェックポイント10-2] 行政処分のしくみと契約との使い分けは？

では、自治体が当事者となる法律関係（権利義務の関係）において、契約と行政処分がどのように使い分けられているのか、検討してみる。

例えば、自治体でパソコンを購入する際には、業者との間でパソコン（の所有権）と金銭を交換する契約（売買契約）を結ぶことになる。契約の成立によって、自治体に「パソコンをもらえる」という権利と「代金を支払う」

という義務が発生する。一方の業者には、「代金をもらえる」という権利と「パソコンを渡す」という義務が発生する。契約によって、自治体がパソコンを購入するという目的（業者がもうけるという目的）が達成される。

このように、利益を得たい（＝利益を権利に変えたい）当事者の自由な意思による契約という法（＝権利義務の発生方式）で、社会におけるあらゆる目的がすべて達成できるのであれば、契約以外の権利義務の発生方式は必要ないことになる。

しかし、自治体が業者からパソコンを購入するためには、住民からまちづくりの原資として、税金を徴収しなければならない。その手段としては、とりあえず、住民との間で「税金を得ることができる」という自治体の権利と、「収入の一定割合を納める」という住民の義務を発生させる契約を締結することが考えられる。

しかし、契約によって税を徴収することについては、次の点が課題となる。
① 契約を結ぶかどうかは、当事者の自由である。
② 双方に権利と義務が発生する売買契約とは違って、住民に税金を納めるという義務だけが発生する。

よって、住民が契約に合意することは、期待できない。自治体の権利（＝税債権）と住民の義務（＝税債務）を、契約という法で発生させることは困難である。また、パソコンの購入契約であれば、一人の者とだけ契約すればよいが、税の場合には、多数の住民と契約を結ばなければならない。まちづくりの原資を集めるという目的に、契約という法（権利義務の発生方式）は有効には機能しない。

そこで、契約に代わって、税の負担のように社会において必要な住民の義務を発生させるしくみが必要となる。ただし、合意なく一方的に、義務を発生させることはできない。契約により難い住民の義務は、「個々の住民の合意の代わりになるもの」によって発生させなければならない。そのしくみが、「行政処分」なのである。

Q10 指定はどのような性質を持った行政処分か？

● 契約における権利と義務の発生

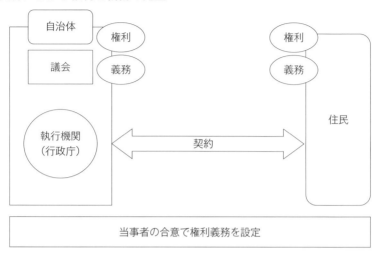

● 権利と義務の発生（契約の場合）

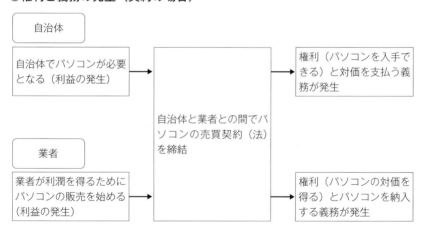

第3部 ● Q&A編—100のチェックポイント

●契約における課題（契約による税の納付）

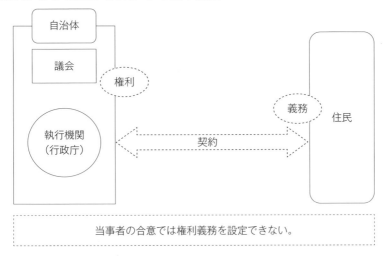

[行政処分のしくみ]

① 住民の代表（議会）によって法令（法律や条例）を制定する。
　例：住民への税の納付義務を法令（税条例など）で定める。
② その法令の内容に従って、自治体（執行機関）が一方的にそれぞれの住民に命令し、自治体の権利と住民の義務を発生させる。
　例：税条例の要件に従って、税を賦課（行政処分）する。
　住民にとって、行政処分は自治体による一方的な命令ではあるが、自分たちの代表である議会が議決した法律や条例に基づいている。よって、間接的

に自分の意思で約束（契約）したことになる。法律や条例が契約書の代わりであり、それに基づく行政処分が契約の締結の代わりとなる。

このように、契約の締結ではなく、行政処分という方法を使うことによって、契約と同様の正統性（間接的ではあるが、負う者の意思によって義務が決

● **権利と義務の発生（行政処分の場合）**

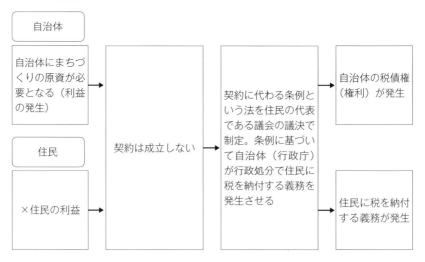

● **行政処分による権利と義務の発生**

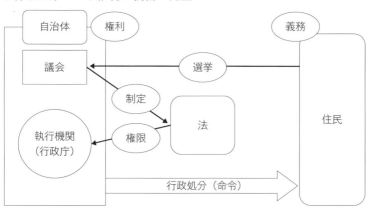

められる）をもって、住民の義務を発生させることができる。住民一人ひとりと契約を結ばなくても法律や条例で定められた要件や手続に従って、「一方的に、大量・画一に、しかも公平に権利義務を発生させることができる」のが行政処分なのである。

●条例＝契約の締結

○○条例

第○○条　住民は住民税を収入の10％納付しなければならない。

[チェック ポイント10-3]　**行政処分で契約関係が発生する場合は？**

　契約と行政処分との違いには、相対的な部分もある。
　例えば、公営住宅への入居は、利用関係を調整するために、公営住宅条例による長の「許可」という行政処分によって決定される。契約によって入居者が決定される民間アパートの場合とは、この段階では、権利義務の設定方式が違うので、全く異なる法律関係であるかのように考えられなくもない。
　しかし、その違いは、主に入居者が決定される、つまり、それぞれの申請（者）に対して、許可か不許可かを決定する段階までに限られる。入居が決定（許可）した後の法律関係は、公営住宅であっても、民間のアパートであっても、基本的には「家賃（使用料）を支払って、住居を借りる」という賃貸借関係がそこに継続していく。契約ではなく行政処分（許可）によって入居する権利が発生したとしても、その権利関係の本質は、「契約（賃貸借）関係」であるといえる。
　このように、施設や財産の利用関係における「許可」と「契約」との違いは、法律関係を発生させるための法的手段の違いであって、法律関係（賃貸

借関係）を発生させた段階で、公の施設における「許可（行政処分）」の役割は総体的には終わると考えられる。

　公の施設の使用許可については、「行政処分」という言葉のイメージから、契約とは全く違った特殊で複雑な法律関係が継続して存在すると誤解されがちである。しかし、基本的には、民間における法律関係と同じ「契約関係」である部分が多く存在することを理解しなければならない。典型的な行政処分（「命令（税の賦課）」「禁止の解除（許可）」など）から、公の施設の利用における法律関係のすべてを考察することはできない。契約でも行政処分でも発生させることができる契約関係も存在するのである。

●許可による契約関係の設定

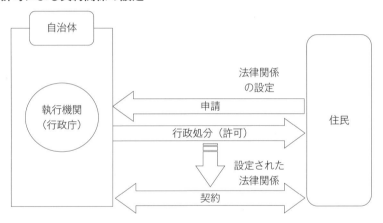

[チェックポイント10-4] **指定が契約ではなく行政処分である理由は？**

　では、あらためて指定が契約（の締結）ではなく行政処分であることを検証してみる。指定が行政処分であると考えられる理由としては、以下の2つが挙げられる。
① 指定には法律の根拠があること（自治法244の2Ⅲ）
② 自治体に指定の撤回権が認められていること（自治法244の2ⅩⅠ）
　①について、契約であれば、法律の根拠は必要ない。自治体の契約については地方自治法や地方自治法令などに規定があるが、それは、自治体が法人

として契約という法律行為を行えることを当然の前提として、契約の方法についての規制（議決など）を設けているものであり、契約自体の根拠ではない。

②について。契約であれば、法律の根拠を背景として自治体が優越的な（権力的な）立場に立つわけではないので、一方的に撤回することはできない。行政処分の場合は、一方的に自治体が法律関係の解消を行うことができる。行政処分は当事者の合意ではなく、法律が根拠となっているからである。

行政処分によって発生した法律関係においては、自治体は相手方に対して、根拠法に従ってその権限を行使することを前提として、優越的な立場に立つことになる。指定管理者制度において、自治体に撤回権が与えられているということは、指定が契約の締結ではなく行政処分であるということを意味している。

[チェックポイント10-5] 行政処分としての指定の役割は？①
～指定による契約関係の設定～

10-3で確認したように、行政処分には、それを採用している法制度によってさまざまな性質が与えられている。指定管理者制度においても、一般的な行政処分の役割（例：税の賦課、営業の許可）だけから、指定の性質や役割を理解することはできない。指定という行政処分が持っている固有の役割を把握することが必要となる。指定の行政処分としての性質について検討する。

まず、理解しなければならないのは、「指定」という用語の国語的な意味を明らかにすることと、指定という行政処分の役割を把握することとの違いである。

① 公の施設の管理をより効果的に行うために、使用許可まで含めて委託できる制度の創設が必要である
② その受託者を選定するための行政処分が必要である

という問題意識の中で、地方自治法に基づいて指定管理者制度が創設され、そこでの行政処分の呼び名が「指定」と決められた。よって、「指定（＝選ぶ、指名する）」という辞書的な意味ではなく、指定管理者制度の目的や設計から指定という行政処分の意味を判断しなければならない。

仮に地方自治法244条の2第3項の規定が指定ではなく「決定」であったとしたら、国語的には意味が変わるが、行政処分としての「決定」の意味や役割は「指定」と同じである。条文全体の目的や趣旨は変わっていないからである。

指定の法律的な意味は自治体（長、教育委員会又は、企業管理者）が持っている公の施設の管理権限を民間団体などに委託する（委任する）ことにあると考えられる。

しかし、それだけではなく、指定管理者制度は、自治体が対価を支払って（あるいは利用料金を収入させて）、指定管理者に業務を委託するものである。

よって、指定は、行政処分ではあるものの、自治体と指定管理者との間に、委託契約関係と本質的には同様の法律関係を設定する、という役割を持っていると考えることができる。少なくとも、指定は形式的には行政処分であるが、実質的には行政処分である税の賦課や公の施設の使用許可よりも、契約に近い役割を担っているものであると考えられる。

[チェックポイント10-6] **行政処分としての指定の役割は？②**
～指定によって契約関係を設定する理由～

では、なぜ契約方式でも設計が可能な指定管理者制度において、あえて指定（行政処分）方式が採用されているだろうか。

業務委託のように契約方式で権利義務を設定した場合、契約書に「○○の場合は、市は契約を解除することができる」と規定され、かつ、受託者が○○（違反条項）に該当する行為を行ったとしても、契約における当事者の地位は対等であるから、受託者が納得しなかったときは、裁判所の力を借りなければ契約違反を理由として当該受託者による管理を止めることはできない。「契約違反があった」は、客観的な解除の条件の発生を意味するのではなく、自治体の認識（主張・言い分）に過ぎない。

自動車のシフトレバーに例えると、自治体の「委託契約違反だ！」という主張には、「N（契約維持）をR（契約解除）」に変換する力はない。裁判所の判決によって、やっと「R（契約解除）」になる。

それでも、業務委託の場合は、使用許可は委託後も自治体が行っているの

で、受託者による不適切な行為があった場合に契約解除ができなくても、住民の利用自体は確保できる。

〔指定による法的安定性の確保〕

しかし、指定管理者制度による委託の場合は、使用許可の権限を含めて公の施設の管理事務すべてを民間団体に委託している。指定管理者が不適当な管理を行えば、住民の利用が直接、阻害される。

そこで、公の施設の管理を全面的に行うという指定管理者の地位の重要性にかんがみ、指定という行政処分（自治体の一方的な意思表示）で委託することによって、自治体が指定を取り消した場合には強制的に管理を止めざるを得なくなるという制度設計をし、自治体と指定管理者との委託関係における法的な安定性を確保しているのである。

指定管理者制度における行政処分方式は、自治体に自力で「N（契約維持）をR（契約解除）に変換できる力」を与えている。その後、取消処分に不満がある場合は、指定管理者（だった団体）から、指定取消しの取消し（RをNに戻して欲しい）を求めて、裁判所に訴えることになる。

〔委託関係における紛争解決のスキーム〕

○　業務委託契約の場合
自治体における契約解除に相当する行為の認識
→契約解除の申入れ（N）
→受託者における認識との齟齬（契約違反はしていない）
→裁判
→契約解除（R）

○指定管理者制度の場合
自治体における契約解除に相当する行為の認識
→指定取消し（R）
→受託者における認識との齟齬（協定違反はしていない）
→裁判
→指定取消しの取消し（N）

Q10 指定はどのような性質を持った行政処分か？

●指定の役割（1）

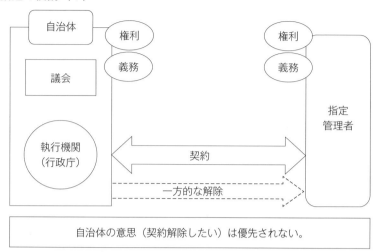

●指定の役割（2）

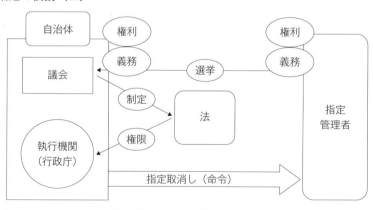

[チェックポイント10-7] **指定の性質からみた自治体と指定管理者との関係は？**

　指定は契約ではなく行政処分である。しかし、税の賦課や営業許可のような性質をもった行政処分ではない。よって、自治体と指定管理者との関係は、指定という行政処分によって形成されるものの、自治体と指定管理者との間には、業務委託契約と基本的には同じ契約関係が継続していく。

　「指定は典型的な行政処分ではなく、その本質は業務委託契約である」という理解をもって、指定管理者制度を運用しなければならない。

Q11 民間施設を公共施設化する方法は？

　本市には、地元の生産団体が所有している特産物の研究、加工、販売のための施設があり、管理・運営について補助金を支出している。

　最近、団体の経営が厳しく、施設の維持が困難になってきているため、市で引き取って欲しいという要望が地元から出されている。

　そこで、本市が施設を取得するかどうかを判断するに当たって、民間施設を自治体が取得し、運営するにはどのような方法があるのか教えて欲しい。

解説

　公の施設は、住民福祉の増進（住民の生活向上）のために自治体が設置するものである（自治法244）。

　しかし、公の施設と同様の機能や設備を持ち、住民に利用されている施設は、自治体において普通財産として管理されている場合もあり、また、民間でも設置・管理されている。そこで、これらの住民利用施設は、以下のように分類することもできる。

① 自治体が公の施設として設置・管理している施設
② 自治体が公の施設として設置し、民間団体などに管理を委託している施設
③ 自治体が普通財産として管理している施設
④ 自治体の普通財産であり、民間団体などに管理を委託している施設
⑤ 民間団体などが設置し、管理している施設（民間施設）

　⑤の民間施設についても自治体がその経営管理や運営にかかわっている場合がある。そのかかわり方によって⑤の民間施設をさらに以下のように細分することもできる。なお、⑤−1～⑤−3の委託や補助は重複して行われている場合もある。

⑤−1 自治体の補助を受けて設置している施設
⑤−2 自治体の補助を受けて管理している施設
⑤−3 自治体が事業の実施を委託・補助している施設

⑤-4 自治体が設置・管理にかかわっていない施設

こうしてみると、公共施設（公の施設）と民間施設との違いは、その管理における自治体のコントロールの度合や自治体の経費負担の面からは、かなり相対的であることが分かる。

例えば、②の場合、公の施設であっても指定管理委託のときは、管理は自治体の手から離れるので、条例によって設定された設置目的の範囲内において事業の内容は受託者である民間団体などが自主的に決定することになる。

一方で、⑤-3のように自治体が設置や管理をしていない民間施設であっても、事業を委託し、あるいは、補助金を交付することによって、他の自治体が公の施設で行っている事業を、当該自治体では民間施設において自治体の計画にしたがって実現することができる。

経費負担についても、⑤-1や⑤-2の場合において、①の直営の経費（委託料）よりも大きな補助を民間施設に行うことも考えられる。実際に、同一の自治体内で、公の施設として設置されている公民館よりも、地元団体が補助を受けて設置した公民館の方が、累計すれば多くの公費が費やされ、充実した設備を持っている例もある。

公の施設を含む公共施設の統廃合によって、大まかには、公の施設（①・②）から民間施設（⑤）への移行が進んでいる。しかし、公の施設化をした方が、かえって民間団体による管理の自由度が高まり、あるいは、自治体の負担が減り、効果的・効率的に運営できる民間施設もあると考えられる。

[チェック ポイント11-1] **公の施設と民間施設との違いは？①**
〜管理・利用の手続・条件（手続的要件）〜

まずは、公の施設と民間施設におけるそれぞれの設置・管理のしくみを比較してみる。

民間施設における管理や利用の内容は、基本的には当事者間で決定される。管理者（設置者）である民間団体が提示した条件（管理規程）や料金を前提として、一定の交渉を経て住民が利用することになる。

公の施設の場合は、管理者・利用者の当事者間だけで決定できる事項はほぼ存在しない。法律、条例、規則などによって客観的に定められた基準や対

価（使用料・利用料金）によって管理・利用される（自治法244の2Ⅰなど）。その客観性が、民間施設のように当時者の自由な意志に基づいた契約による利用ではなく、法令に基づく「申請―許可」というしくみによる管理・利用という形で表れている。

いわば、民間施設は「当事者主義」、公の施設は「客観（法令）主義」で管理し利用されているといえる。よって、民間施設を公の施設化する際には、「客観（法令）主義」を実現するために条例や規則などを整備しなければならないという「手続的要件」が存在することになる。

[チェック
ポイント11-2] **公の施設と民間施設との違いは？②**
〜施設の種類（性質的要件）〜

公の施設は、民間施設とは違って「住民福祉（住民生活）の向上」に役立つものでなければならない（自治法244Ⅰ）。よって、「どのような種類の施設が公の施設に該当するか」という「性質的要件」が民間施設を公の施設にする際の具体的な要件として存在するように思える。

しかし、住民が利用する目的で設置されている施設は、その内容・設備がどのようなものであっても、おおよそ（趣味や娯楽の増進も含めて何らかの）住民生活の向上につながる。よって、「住民生活の向上」を基準とした施設の種類分けによって、民間施設と公の施設との間に有意な違いを見出すことは困難であり、かつ、あまり意味はないと考えられる。

例えば、ゲームセンター、ボウリング場、カラオケボックスのような娯楽施設であっても、その自治体において住民生活の向上に必要な理由があれば、公の施設として、あるいは公の施設の一部として設置・管理することも検討する価値がある。また、公の施設である地元産品の直売所よりも、民間のスーパーマーケットの方が住民生活により重要な役割を果たしているとも思われる。

結局、「住民福祉（住民生活）の向上のため」は、公の施設であることの理念的な要件にすぎず、基本的にはほとんどの種類の民間施設について、設置すべき理由の発見その他の条件を整えれば、公の施設にすることは可能であることになる。

よって、民間施設の公の施設化において、施設の種類（性質的要件）はそれ単独では具体的な要件にはならないと考えられる。「××施設だから公の施設である（ではない）」ではなく、11－3の「管理的要件」と相まって「○○のように管理・利用されている××施設だから公の施設である（ではない）」と判断されることになる。

[チェックポイント11-3] **公の施設と民間施設との違いは？③**
〜利用の形態（管理的要件）〜

11－1で検討したように、民間施設は、当事者の合意でその管理・利用が決定される。その中で、利用条件だけではなく利用させるかどうか、つまり、利用者の限定や利用方法の制限についても設置・管理者が決定することができる。「誰にでも平等に利用させなければならない義務」は、民間施設の設置・管理者の側にはない。

公の施設の場合は平等利用の提供が義務付けられている（そもそも平等に利用させるために設置されている）ので、管理者（自治体や指定管理者）の判断で利用者を限定したり、具体的な利用の申込み（申請）に対して法令の規定に基づかずに拒否したりすることはできない（自治法244Ⅱ・Ⅲ）。例外的に利用者が限定されている公の施設については、あくまで、その施設の設置目的を達成するための手段として利用者の資格などが条例で規定されることになる。

施設の管理・利用において平等性が確保されているかどうか、言い換えれば、施設の利用・管理の実態が公の施設として相応しいかという「管理的要件」の充足が民間施設の公の施設化において必要となるのである。

[チェックポイント11-4] **公の施設と民間施設との違いは？④**
〜公の施設の実質的な要件〜

公の施設であるための要件としては、一般的には、以下の三つが考えられる。
① 設置・管理のルールが客観的（法令によっている）であるか（手続的要件）
……11－1

② 施設の性質が公の施設に該当するか（性質的要件）……11-2
③ 施設の管理において平等性が確保されているか（管理的要件）……11-3

しかし、11-2で検討したように、②の性質的要件は公の施設であるための実質的な要件にはならない。公の施設と民間施設とは、施設の種類ではなく、その施設を設置管理するための手続や管理・利用のあり方において差別化されるべきものなのである。

よって、民間施設を公の施設にするに当たっては、③の管理的要件を確保できる見通しを確実に立てた上で、①の手続的要件の整備に臨むことになる。

[チェック
ポイント11-5] **民間施設を公の施設として設置・管理する方法は？**

民間施設を公の施設にする具体的な方法について検討してみる。実際に、いくつかの自治体で公の施設化の必要が生じている民間施設として、Qにあった地域の特産品などの研究、開発、販売を行っている施設（研究施設）を例に挙げる。まずは、民間が設置・運営している研究施設の管理的要件について確認する。なお、研究施設は自治体の補助金で運営されていることが多いので、それを前提にする。

●公の施設と民間施設との比較

		公の施設	民間施設
設置	設置者	自治体	民間団体・個人
	設置目的	住民福祉の向上	限定なし
	施設の種類	住民生活に役立つもの	住民生活に役立つもの
管理	管理者	自治体（受託者）	設置団体
	使用条件	条例	設置団体が決定
	使用の対価	条例	設置団体が決定
	減免	条例	設置団体が決定
	利用者の制限	不可	可

【民間施設として設置・運営されている研究施設】
① 管理＝民間団体（生産者団体など）
② 利用＝管理団体（生産者団体など）や管理団体の構成員
③ 自治体の支出＝補助金
　公の施設としての管理的要件は満たされていない。そこで、研究施設を公の施設化する場合は、次の管理的要件を整えることが必要となる。

【公の施設として設置・運営されている研究施設】
① 管理＝自治体又は指定管理者
② 利用＝住民
③ 自治体の支出＝委託料（利用料金制度の導入）
　研究施設の管理を行うためには専門的な技術・知識と地域の事情に精通していなければならない。直営にはなじまず、また、当該民間団体よりも適切に管理できる団体を見つけることは困難であると考えられる。そこで、研究施設を公の施設とする場合における固有かつ事実上の条件として、公の施設化後も引続き当該民間団体に管理させることを挙げることもできる。

　よって、研究施設を公の施設にする場合における手続的要件は以下のようになる。
① 管理団体から自治体へ施設を譲渡する。
② 施設についての設置管理条例を制定する。
③ ②の設置管理条例の中で指定管理者制度を採用する。
④ 当該民間団体を指定管理者に指定する。
　公募を行うことが原則である。一方で、応募する団体は少ないと考えられる。
⑤ 当該民間団体に委託料を支出する。
　民間施設として管理していたときには自治体から交付される資金は補助金、つまり、当該民間団体の活動としての研究施設の運営に対する支援である。指定管理者（受託者）になった後は、受託業務の対価として委託料を受け取ることになる。また、利用料金制度を採らない場合は、当該民間団体が利用

する際にも使用料が必要となるが、条例で定める場合においては減免が可能である。

公の施設になっても、実際には、管理団体以外の団体や個人が研究施設を利用することはあまりないと考えられる。よって、公の施設化にすることで、公の施設としての平等利用を制度的に確保した上で、実質的には経営が困難になった民間団体を救済し、研究施設を維持することができる。

●民有施設の公の施設への移行

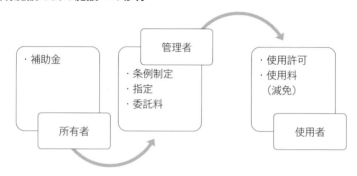

[チェックポイント11-6] **民間施設を普通財産として管理する方法は？①**
～利用団体に研究施設の管理を業務委託する～

研究施設については、その性質から公の施設（財産の区分においては行政財産）ではなく、普通財産にも区分できる。普通財産として自治体が取得し管理する場合は、二つの方法が考えられる。

まず、研究施設を公の施設として指定管理委託するのではなく、普通財産として取得しその管理を業務委託（契約）する方法である。当該民間団体に特命で契約することも制度的には可能である。対価として委託料を支出することになる。一方で、補助金は、施設の管理のためには交付できなくなる。

普通財産であるため、住民の利用形態は公の施設のように「申請―許可（行政処分）」ではなく、自治体と利用者との契約となる。しかし、委託できる業務の内容は、施設のメンテナンスや利用方法の指導などの事実行為に限られる。貸付契約の権限は委託（委任）できない。

法律行為（この場合は契約）を委託（委任）するには委託できる法律の根拠が必要であるところ、普通財産の貸付権限については、指定管理者制度（使用許可権限を委託できる）のように委託できる根拠が設けられていないからである。

なお、当該民間団体が利用する際には、自治体との間で契約を結び、貸付料（減免は可能）を支払うことになる。公の施設で指定管理者制度を採用した場合における、指定管理者自身の許可と自治体への使用料支払に相当する。

管理規程としては、基本的には財産管理規則（財務規則）が適用される（自治法149⑥）が、財産管理規則中の普通財産に関する規定は、研究施設のように積極的に貸し付けることを目的とした普通財産には対応していない。よって、自治体において規則の範囲内で別途、研究施設についての固有の管理規程（要綱など）を定める必要がある。

[チェックポイント11-7] 民間施設を普通財産として管理する方法は？②
～利用団体に全面的に貸し付ける～

自治体から当該民間団体へ管理を委託するのではなく、一定期間にわたって施設を全面的に貸し付ける方法もある。貸付けを受けた当該民間団体が独占利用できる。

貸付料を減免することや、補助金交付を継続する（増額する）ことで、民間施設であったときと同様の負担によって、独占的な利用を当該民間団体が確保することができる。貸付料の減免に際しては、条例上の要件に該当するかどうかを判断する必要がある（自治法237Ⅱ、96Ⅰ⑥）。

[チェックポイント11-8] 民間施設の取得を検討する意義は？

当該民間団体の利用を確保するためには、以下の3つの方法があることになる。
① 公の施設にして指定管理委託する（指定管理方式）
② 普通財産にして当該民間団体に業務委託する（業務委託方式）
③ 普通財産として貸し付ける（貸付方式）

本稿で検討した研究施設の公の施設化のように、実質的には特定の団体の

利用に供するために、形式的に公の施設としての要件を備えながら、その団体から財産を取得することは、本来の財産管理のあり方からは外れているとも考えられる。

　しかし、公の施設の中には事実上、極めて少数の団体・個人しか利用していない施設も存在する。むしろ、公の施設のうちかなりの部分は、特定の団体・個人が利用しているのが実態であり、また、それらの団体・個人の活動がまちづくりに貢献していることを考えると、公の施設における利用の偏り自体が定性的に不当なことであるとは言い切れない。

　その意味で、特定の団体が利用するための施設を管理的要件や手続的要件と整えた上で、外形的に公の施設として、あるいは、住民利用のための普通財産として取得・管理することにも、正当な理由を見いだすことができると考えられる。

　これは、「特定の団体しか利用していない」という結果は同じであっても、Q2で取り上げた直売所の独占利用のように、「多くの人が利用したいと望む施設を独占利用させた結果、特定の団体しか利用していない状態」とは、全く意味が違う。

　また、公の施設化を機に研究施設の存在を多くの団体・個人に知らしめた上で、研究施設を利用した民間活動を掘り起こせれば、公の施設化により大きな意義を見出すことができる。結果として、研究施設を当該民間団体だけではなく、広く住民の利用に供するために取得できたことにもなる。

●特定の団体が利用する施設の管理方法

	財産の区分	管理する者	自治体の負担
指定管理方式	公の施設 （行政財産）	民間団体	委託料の支出 使用料の減免
業務委託方式	普通財産	民間団体 （権限は自治体）	委託料の支出 貸付料の減免
貸付方式	普通財産	自治体	貸付料の減免 補助金の支出

〔公の施設の意味と行政施設のマネジメント〕

　ある自治体のまちづくり部門の職員の方から少し興味深い話をお聞きしたことがある。理屈としては、まず、公の施設を利用する需要（ニーズ）が先にあって、それに対応するために施設が設けられるべきだと考えられる。

　しかし、彼は、実際には逆であり、「物が先あって、後から人が動く」ことを経験として学んだ、と語っていた。「せっかく施設があるのだからそこで何かやろうか」という形で住民が動き出すことも少なくないのだと。

　確かに、「野球をしたい子が集まったのでグラウンドを作ってもらった」という経験を持つ人はごく稀だろうが、「広場があったのでみんなで野球を始めた」という経験は多くの人が持つと思われる。まちづくりへ参加する現実的な動機としては、人的要因だけではなく物的な要因も大きい。

　その意味でも、施設によっては、現在の需要だけではなく、公の施設や普通財産にした際の需要や効果、さらには、補助金の見直しも視野に入れて、その取得を検討してみる価値自体はあると思われる。

おわりに

　法律が好きな人は自治体職員の中にもたくさんいます。その中には、自分は、法律が得意だと認識している人も少なからずいるようです。

　しかし、彼らの一部は、法律の理解において必要とされる要件への当てはめなどの一定の論理的な作業や、政策の具体化であり知識の対象となる条文の存在に惹かれています。「ロジック（理屈）と暗記」で法律を克服できるのだと信じているのでしょう。いずれにしろ、法律には、一定の特性と傾向を持つ人たちに「これならできる」と思わせて（勘違いさせて）しまう、何かがあるようです。

　しかし、本当の意味で、「法律が得意な人」とは、「法的な考え方」ができる人を指します。法的な議論においては、確かに、その要素として論理や政策も必要です。しかし、論理性に優れた結論が法的に正しいというわけではありません。また、政策的に最も有効であっても、その政策が法制度として成立することが保証されるわけではありません。

　理論立てや政策判断以外のものが占めるべき三つ目の空間を、頭と心の中に設けることができたとき、一気に法律の本質が見えてきます。

　それは、「法とは何か」を理解できた瞬間です。自転車乗りや逆上がりやスキーができるようになったときと同じような、「あの経験」が法務能力を身に付けるためには欠かせないのです。

　みなさんが、本書によって、法的な理解に繋がる瞬間（とき）を迎えることができていれば幸いです。

著者紹介

森　幸二（もり　こうじ）

北九州市職員。政策法務、公平審査、議員立法を担当。「自治体法務ネットワーク」代表。15年間にわたり、全国で職員、議員、民間の法務研修の講師として活動。指定管理者制度の研修・講演も毎年多数。著作に、『自治体法務の基礎と実践』（平成29年、ぎょうせい）、『1万人が愛したはじめての自治体法務テキスト』（平成29年、第一法規）、月刊「地方財務」（ぎょうせい）にて、「指定管理者制度実務の秘訣」（平成29年4月号～平成30年3月号）、「財政担当も知っておきたい自治体法務の基礎」（平成30年4月号から連載中）など。

（平成31年1月現在）

自治体法務の基礎から学ぶ　指定管理者制度の実務

平成31年2月20日　第1刷発行
令和7年4月30日　第7刷発行

　　著　者　森　幸二
　　発　行　株式会社ぎょうせい

〒136-8575　東京都江東区新木場1-18-11
URL：https://gyosei.jp

フリーコール　0120-953-431

ぎょうせい　お問い合わせ　検索　https://gyosei.jp/inquiry/

〈検印省略〉

印刷　ぎょうせいデジタル株式会社　　　　　　©2019 Printed in Japan
＊乱丁・落丁本は、お取り替えいたします。
＊禁無断転載・複製

ISBN978-4-324-10589-4
(5108493-00-000)
〔略：指定管理実務〕